JN441088

양산 최동림 자전에세이

나의 삶 나의 인생

나의 삶 나의 인생

2025년 5월 20일 인쇄
2025년 5월 30일 발행

지은이 최동림

펴낸이 강경호 편집장 강나루 디자인 정찬애
펴낸곳 도서출판 시와사람
등록 1994년 6월 10일 제 05-01-0155호
주소 광주시 동구 양림로119번길 21-1(학동)
전화 (062)224-5319 E-mail jcapoet@hanmail.net

ISBN 978-89-5665-771-4 03810

· 잘못된 책은 구입하신 서점에서 바꾸어 드립니다.
· 값은 표지에 있습니다.

이 도서의 국립중앙도서관 출판예정도서목록(CIP)은
서지정보유통지원시스템 홈페이지(http://seoji.nl.go.kr)와
국가자료종합목록 구축시스템(http://kolis-net.nl.go.kr)에서
이용하실 수 있습니다.

나의 삶 나의 인생

최동림 지음

시와사람

Contents

PART + 02

아름다운 삶을 위하여

PART + 03

나의 꿈 운산

PART + 04

평화를 꿈꾸며

■ 발간사 ■

이 세상 모든 것을 사랑하는 마음으로

어느덧 희수(喜壽)를 맞는 세월을 살아왔다. 내가 걸어온 길을 뒤돌아보니 무수한 발자국이 새겨져 있다. 그 발자국에는 기쁨의 눈물과 슬픔의 눈물이 고여있다. 인생이라는 것이 희로애락의 연속이지만 기쁨과 눈물의 흔적들을 바라보니 주마등처럼 스치는 것들이 많은 생각에 잠기게 한다.

남부럽지 않는 집안의 장남으로 태어나 참으로 행복하고 유복한 날들을 보냈다. 하고 싶은 일들을 하며 살아왔다고 생각되지만 여전히 남은 일들이 있어 그 꿈들을 향해 나아가고 싶은 마음이 청년 같다.

이 책을 펴낸 것은 지나온 날들을 회상하며 나의 생을 되돌아보고자 함이다. 더불어 회한에 젖기도 하고, 성찰을 통해 남은 생을 지혜롭게 나아가고자 하는 의미가 깃들어 있다.

젊은 시절, 나의 꿈을 좇아가다가 나의 한계에 부딪쳐 좌절과 절망 속에서 허덕이기도 하였다. 그러나 운명적으로 약사이다 보니

병들고 아픈 사람들을 위해 헌신한 것은 나의 기쁨이 아닐 수 없다.

한편으로는 한때 신기루 같은 정치인의 삶을 살았던 것에 대한 회한이 가슴을 아프게 한다. 그럼에도 내가 가장 기쁜 것은 신앙인의 길을 올곧게 걸어온 것과 여전히 내가 사랑하는 하느님께 기도하는 삶을 살고 있다는 것이다. 그리고 나의 가족이 건강하게 우리 사회의 일원으로서 잘 성장하였음이 기쁘고 행복하다.

그동안 내 곁에서 나와 가족을 위해 헌신해 준 사랑하는 아내에게 많은 빚을 졌다. 금혼식을 앞두고 이제 남은 생을 아내를 위해 사랑하고 아끼며 살아가야겠다고 수없이 다짐한다. 일을 좇아 다니느라 많은 추억을 남겨주지 못한 아이들에게도 가장으로서 미안한 마음이 크다. 더욱 살가운 아버지로 기억되도록 살아야겠다.

이 책은 내가 살아온 삶을 에세이 형식으로 틈틈이 써온 글들이다. 자서전 형식을 떠나 그때그때의 삶의 한 구비에서 만나는 에피소드들을 문학적으로 형상화시키려고 하였다.

부족하고 미흡한 이 책을 통해 나의 속살을 드러내는 것 같아 부끄럽다. 그럼에도 지나온 길을 거울 삼아 남은 길을 가는데 새로운 이정표가 되길 바란다.

2025년 초여름

최동림

나의 삶 나의 인생

PART + 01

지나온 길
나아갈 길

지나온 길 나아갈 길

우리 집안은 누대로 광주에서 터전을 닦아 살아왔다. 나는 탐진 최씨(耽津 崔氏) 집안의 서은공파(西隱公派) 중시조 민상공(黽祥公)의 16세손으로, 1949년 1월 22일에 태어났다. 우리 형제는 3남 5녀인데, 그중 내가 맏아들이다.

아버지께서는 가업인 약업을 처음에는 나주 중앙동에서 2년여 동안 운영하셨고, 그 시기에 내가 세상에 나왔다. 해방 정국의 끝자락이라 나라가 혼란스러웠다. 이듬해인 1950년, 내가 두 살이 되기도 전에 우리 가족은 광주로 이거하였다. 곧이어 6·25 한국전쟁이 발발해 집안은 풍비박산이 되었고, 외가가 있는 지금의 광주시 남구 효덕동으로 피난했다가 인민군이 물러가자 다시 시내에서 약업을 재개하였다.

아버지께서는 가업을 잇기 위해 약학과에 진학하라고 하셨고, 나는 그 뜻에 따라 조선대학교 약학과에 입학했다. 이후 아버지가 창업한 대성약국을 이어받아 운영하였다. 창업 당시 대성약국 부근에는 광주역이 있어 교통의 요지였는데, 시골 사람들이 기차를 타고 광주에 들어오는 관문이다 보니 언제나 인파가 붐볐다. 자연

히 손님도 많아 약국은 성업을 이루었다.

사업을 넓히고자 나는 〈대성레저여수온천〉과 〈대성광산 삼천포 자수정〉을 창업해 경영하기도 했다. 지금은 나이가 들어 모두 접고, 대성약국과 어머니가 일군 화순 사평의 〈양산농원〉을 돌보고 있다. 이 땅은 35년 전 아버지에게서 매입한 것으로, 120만 평에 달하는 광활한 면적이다. 아내와 함께 자금을 모아 구입했고, 인근 전답도 매입했다. 당시에는 길조차 없었으나 직접 길을 내어 접근성을 높였다. 아버지와 어머니가 그러셨듯이 산에 편백나무, 측백나무, 밤나무를 심었고, 운산에는 상수리나무가 많아 숯을 생산하기도 했다. 땅이 워낙 넓어 조금만 소홀하면 잡목이 우거져 수익성이 떨어지기에, 늘 인부를 동원해 산림을 가꿔 와 산림자원조성 대통령포장을 수상, 우수독림가 인증서를 전라남도와 화순군으로부터 받기도 했다.

오래전부터 자연 친화적인 삶을 꿈꾸며 임도를 내고 길가에 회화나무 등 다양한 수종을 심었다. 또 인삼을 심어 자연환경 속에서 자라게 했는데, 지금도 산속 곳곳에 숨어 있을 것이다.

공익에도 관심이 많아 여러 봉사단체에서 활동했다. 〈광주무등청년회의소〉와 〈광주입석로타리클럽〉의 초대 회장을 맡아 지역사회에 봉사했고, 단체 창립 초기의 초석을 다지는 중요한 역할을 했다. 가톨릭 신자로서 〈광주대교구 가톨릭실업인회〉 회장, 〈한국가톨릭실업인중앙처〉 부회장을 지내며 가톨릭 기업인의 구심점이 되었고, 상호 간 친선을 도모하며 광주 지역 가톨릭 발전의 원동력이 되었다. 이밖에 〈광주상공회의소〉 의원, 〈광주광역시 학부모연합회〉 회장, 〈광주시동구약사회〉 회장을 역임하며 단체 발전에 힘을 보탰다.

또한 아태 부의장, 유엔 교육자 국제연합회 한국 총재를 지내며 휴전선에 국제 평화도시를 건설하자고 주장, 분단된 민족의 미래를 설계하기도 했다. 그리고 당연한 일이지만, 모범납세자 금융우대대상으로 2회에 걸쳐 인정받았다.

문학인으로서는 2003년《현대문예》신인상에 당선되어 시인 활동을 시작했으며, 그 인연으로 지금도 운산에 전국 유명 시인들의 작품을 새겨 시비를 세우고 있다.

주마간산식으로 내가 걸어온 발자취를 되돌아보았다. 그때그때 스쳐 간 내 일생이 눈앞에 선명히 떠오른다. 때로는 좌절하기도 하고, 때로는 희망에 부풀어 젊은 날을 지나 오늘에 이르렀다. 이제 내 나이 일흔일곱이니 일할 날이 그리 많이 남아 있지 않다. 그럼에도 여전히 해야 할 일들이 있다. 부모님께서는 생전에 내가 사람들에게 도움을 줄 수 있는 약업과 식품회사를 운영하기를 바라셨다. 그래서 약학대학에 진학하여 약사가 되었고, 몸에 이로운 식품을 만들고자 한다. 남은 나의 꿈은 부모님의 소망대로 그 꿈을 실현시키는 일이다.

이른바 〈대성산약초농원〉이라는 이름 아래, 각종 암 산약초 치유 마을의 꿈을 이루어 몸이 허약하거나 질병이 있는 사람들에게 건강을 되찾아 주고 싶다. 또한 발효수를 이용해 된장과 고추장을 빚고자 한다. 특히 운산에 심은 약재를 활용해 여성 골다공증, 탈모, 폐경기 연장 등에 도움이 되는 기능성 식품을 만들어 많은 사람에게 이로움을 전하고자 준비하고 있다.

그동안 살아오며 깨달은 것은 부·권력·명예도 좋지만, 누가 나를 어떻게 평가하는지에 신경 쓰기보다 내 양심에 따라 인간답게 살고 싶다는 것이다. 내가 믿는 하느님께서 나를 인정하고 평가해 주시는 삶, 그것이야말로 멋진 인생이라 생각한다. 그래서 나는 날마다 "주님, 저를 당신의 도구로 써 주십시오"라고 기도드린다.

■ 광주무등청년회의소 초대회장 재임시

韓国JC中央会長招請晩餐会
1990年3月28日

그리운 아버지, 어머니

나는 1949년 1월 22일에 태어났다. 6·25 한국전쟁 직전, 이른바 해방 정국의 어수선한 때였다. 당시 대부분의 사람이 먹고살기 매우 어려웠다. 아버지는 내가 한 살이던 1950년 1월 1일, 지금의 광주 소방서(구 광주역) 자리에서 대성의약품 도매업을 개업하셨다. 그러나 그해 6월 민족상잔의 비극이 닥치면서, 나뿐만 아니라 모든 국민이 시름과 고초를 겪게 되었다. 풍비박산이 된 약방 문을 닫고 빈털터리가 된 우리 집안은 외가가 있는 광주시 효덕동 노대리(지금의 노대동)로 피난 가야 했다. 나는 너무 어려 그것을 기억하지 못하지만, 부모님께서는 온갖 어려운 길을 걸으셨다.

공산 치하 두 달 동안, 공산주의 이념에 반대한 우리 집안은 무사하지 못했다. 가산을 모두 몰수당한 것은 당연한 일이었다. 그나마 목숨을 건진 것만도 천만다행이었다. 전쟁 와중에 아버지는 고무신 장사를 해 보겠다고 하셨고, 어머니는 부산까지 내려가 고무신을 사 오셨다.

처음에는 16켤레를 팔아 차차 호전되면서 20켤레, 30켤레, 50켤레로 물량을 늘려 갔다. 어머니께서 아버지께 삶의 의욕을 북돋아

드리기 위해 부산까지 가서 고무신을 사 오신 것이다. 그러나 고무신 장사는 아버지의 본업이 아니어서 곧 약방을 다시 열었다. 부근에 광주향교의 대성전이 있어 '大成'의 의미를 따 약방 이름을 지으셨는데, 훗날 대성약국과 대성약품의 이름이 여기에서 연유한다.

아버지는 어떤 사업이든 신용이 제일이라고 믿으셨다. 다만 "먹을 것이 있어야 인심도 생긴다"는 말처럼, 돈이 있어야 신용도 지킬 수 있다는 생각으로 결제를 잘 받고 또 잘할 수 있다고 굳게 믿으셨다.

1958년, 약방을 금남로(지금의 대성약국 자리)로 옮기셨다. 약방이 번창하자 1962년에는 광주 광천동에 태인약화학공업주식회사라는 양조·가공식품 공장을 국내 최초로 세우셨다. 당시로서는 낯선 가공식품업이었지만, 김치·마늘·주스류 등을 통조림으로 가공해 생산했고, 「문디카」와 「쎈디카」라는 국산 양주도 시판했다. 그러나 식품 가공업은 당시 우리나라 현실엔 다소 이른 감이 있어, 10여 년 운영 끝에 처분하였다.

그 사이 아버지는 어려운 생활 속에서도 근검절약하며 저축한 돈으로 화순 모후산 일부를 매입해 비탈을 개간하고 묘목장을 만들었다. 또 장성 일대의 임야·밭·논도 사들였다.

어머니는 농사를 짓고, 그 부산물로 가축을 기르기 위해 축사를 지어 소와 돼지를 키우셨다. 뿐만 아니라 영광 태청산 일부를 사들여 나무를 심으셨다. 일 년 내내 새벽 일찍 일어나 아침 식사 전까지 인부들을 격려하고 지시하며 농장과 산림을 관리하셨고, 집으로 돌아와서는 아버지의 약업을 도왔다.

어머니는 나무를 많이 심고 잘 가꾸셨다. 그동안 심은 나무가 헤

아릴 수 없을 만큼 많다. 며칠씩 들에서 지내는 경우도 허다했다. 화순 남면 양산농원에 흙벽돌로 움막을 짓고, 아예 한 철을 그곳에서 보내시기도 했다. 전답이 200여 마지기나 되어 쌀농사를 지어 자급자족했고, 남는 것은 정부 수매에 내기도 했다.

■ 제주도에서 아버지와 어머니(1979년)

아버지는 약업을 통해 자금을 모으자, 평소 마음속 깊이 품고 계시던 육영사업을 시작하셨다. 교육만이 헐벗은 가난을 극복하고 인간다운 삶을 가능하게 한다고 믿으셨기 때문이다. 특히 여성 교육에 앞장섰다.

1980년 3월 15일 가족회의에서 학교 설립을 결정하였다. 아직 학교를 지을 만한 여력이 부족했지만, 자식들이 십시일반 보태고 광주 시내 부동산을 정리해 자금을 마련했다. 광주 금당산자락 아래 진월동에 부지를 확보하고 공사를 시작하여, 1981년 3월 9일 마침내 개교했다. 대성여중·고등학교의 역사는 이렇게 시작되었다.

그러나 '상처뿐인 영광'이라는 말처럼, 아버지는 학교를 짓느라 큰 빚을 떠안으셨다. 알다시피 육영사업은 기업처럼 경제적 이익을 추구하지 않는다. 교육에 대한 신념과 열정 없이는 할 수 없는 일이다. 아버지의 숭고한 정신이 담긴 이 사업을 통해, 아버지의 삶이 충분히 보상받을 것이라 믿는다. 지금 대성여중·고는 명실상부한 명문 사학으로 성장했으며, 많은 졸업생이 사회 각처에서 우산학원을 빛내고 있다.

어머니께서는 광산군 효지면(지금의 광주시 효덕동)에서 이관(里官) 박국제(朴菊齊)의 2남 3녀 중 막내로, 1924년 10월 20일 태어나셨다. 마을에서 '박참봉 댁'으로 불린 외가는 노대리 천석꾼으로 제법 잘사는 집안이었다.

어머니는 천성이 부지런하고 부모에 대한 효성이 지극했다고 한다. 불의를 보면 불같이 맞서는 야무진 아이였으며, 동네 아이들 가운데 언제나 리더로서 호기가 넘치고 모든 일에 모험심과 적극성이 돋보였다고 한다.

외할아버지와 외할머니는 어머니가 열일곱 살이던 해 콜레라에 걸려 토사곽란 끝에, 석 달 남짓한 사이에 모두 돌아가셨다. 외할머니께서 자리에 눕자, 어머니는 손가락을 깨물어 피를 입에 흘려 넣었지만 허사였다. 석 달 만에 고아가 된 어머니는 이듬해인 1941년 아버지를 만나 혼인하셨다.

가난한 우리 집안에 시집오셔서 온갖 고생을 하셨다. 전쟁 중에는 아버지를 도와 부산까지 오가며 신발을 사 나르기도 하고, 화순 모후산 비탈을 개간하시기도 했다. 뿐만 아니라 묘목장을 만들고 장성 임야의 논밭에서도 추운 날, 더운 날 가리지 않고 들일을 하셨다. 화순 운산에서도 사정은 마찬가지였다.

또 아버지께서 학교를 설립하실 때, 어머니는 몇십 년 고생해 마련한 통장과 목장의 소·돼지 같은 가축, 그리고 아끼시던 운암동 2,000여 평을 매각해 학교 설립 자금으로 기꺼이 내놓으셨다. 고생만 하시다가 형편이 좋아지니 우리 곁을 훌쩍 떠나신 어머니를 생각하면 눈시울이 붉어진다.

이제 부모님들은 세상을 떠나고 계시지 않지만, 남기신 유업은 자녀들이 이어받아 부끄럼 없이 잘 이끌어 가고 있다. 세월은 유수 같아, 나도 어느덧 77세가 되었다. 오늘까지 풍족히 살아온 것은 부모님의 하늘 같은 사랑과 묵묵한 희생 덕분임을 잊지 않고 늘 감사한다. 앞서 말했듯, 부모님은 6·25 동란 이후 어려운 시절에 피땀 흘려 가족을 먹여 살리셨고, 사회를 위해서도 많은 일을 하셨다. 그 이야기를 주변에서 들을 때마다 가슴속 깊은 곳에서 울컥하는 감정을 느낀다. 부모님의 헌신을 곁에서 지켜본 나는, 더욱 존경과 감사의 마음을 갖지 않을 수 없다.

부모님의 노력과 희생이 없었다면 오늘의 우리 집안과 가족은 존재하지 못했을 것이다. 나는 부모님께 뜨거운 은혜와 사모의 정을 담아 깊이 감사드릴 뿐이다.

나의 사랑 나의 자녀들

모든 부모는 자식을 사랑한다. 자신의 유전자를 물려받은 자식은 자신의 분신이며 또 다른 생명체이다. 나의 부모님이 나를 금쪽같이 여긴 마음을 내가 부모가 되어 보니 충분히 이해할 수 있었다. 이렇듯 자식을 위하는 마음은 이 세상 만물의 공통점일 것이다. 그래서 "이 세상에서 제일 무서운 것은 새끼를 기르는 동물"이라는 말이 있을 정도로, 자식을 위해서라면 모든 희생을 마다하지 않는다.

많은 세월이 흐른 지금, 아이들이 성장하여 제 짝을 만나 가정을 이루었다. 나는 3녀 1남을 두었는데, 내 손길이 많이 가지 않았지만 아내의 자애로운 보살핌 덕분인지 아이들이 잘 성장해 주어 고맙고도 미안하다. 지금 생각하면, 아이들이 자랄 때 더 많은 추억을 가슴속에 새겨 주었어야 했는데 그러지 못한 듯하여 아쉬움이 남는다. 추억을 통해 부모와 자식, 가족 간의 유대가 친밀해지고 돈독해진다. 그리고 그 추억의 힘으로 어려운 시절을 견뎌 내기도 한다. 그런 점에서 아버지로서 역할을 충분히 하지 못한 것이 오래도록 마음에 걸린다.

그럼에도 반듯하게 성장하여 우리 사회의 훌륭한 구성원이 되어 제 몫을 다하는 자식들이 자랑스럽다. 그래서 그들의 이름을 하나하나 불러 보고 싶다. 이는 그들에 대한 나의 지극한 마음에서 우러나온 것이다. 이제 내 아이들이 아들딸을 낳으니 참으로 사랑스럽고 귀엽다. 왜 '내리사랑'이라고 하는지 알겠다. 부모님께서 손주들을 얼마나 어여삐 여기셨을지도 짐작할 만하다.

자녀와 손주들과는 함께 살지 않지만 애틋한 마음이 생겨 자주 소통하며, 옛날에 주지 못했던 사랑을 전하고자 한다. 해외여행도 함께하고 가족 행사를 통해 죽는 날까지 부모와 자식, 조부모와 손주의 천륜을 이어 가고자 한다.

3녀 1남 중 맏딸 최혜령은 어려서부터 영특하고 반듯한 마음씨가 고왔다. 성장 과정도 순탄하여 사위 허준을 만나 행복한 가정을 꾸리고 잘 살고 있다. 사위는 이비인후과 의사로 명의를 인정받고 있어 자랑스럽고 든든하다. 둘째 딸 최성윤 또한 곱게 성장하여 우리 내외의 착한 딸이 되었다. 사위 이상윤은 서울대학교 의과대학을 우수한 성적으로 졸업한 종양내과 의사로, 최근 극동 지역을 담당하며 활약하고 있어 앞으로 더 큰 기대를 갖게 한다. 작은딸은 내조는 물론 아이들 교육도 잘하고 있어 고맙다. 특히 외손자 이상준과 이명섭이 귀엽고 사랑스럽다.

막내딸 최성모는 언제나 사랑스러운 딸이다. 사위는 미국에서 교육을 받아 넓은 식견과 지혜를 갖추었고 예의가 바르다. 시련 속에서도 굴하지 않고 꿋꿋이 성장하여 조선대학교 의과대학을 졸업하고 전북대학교병원에서 전문의로 활동하고 있어 자랑스럽다. 막내딸의 뒷바라지가 좋은 결실을 맺어 참으로 기쁘다.

외아들 최대통은 어려서부터 총명했다. 의과대학을 졸업한 뒤, 이화여대 의과대학을 나온 며느리 강하영과 함께 병원을 개원해 열심히 살아가고 있어 마음이 든든하다.

자녀들과 사위, 그리고 며느리가 모두 의료계에서 헌신하는 것을 나는 늘 감사하게 생각한다. 우리 집안이 아버지 때부터, 또 내가 약사로 살아온 것이 사람의 병을 고치는 일과 맞닿아 있으니 같은 길을 가고 있는 셈이다. 아프고 병든 사람을 돌보고 생명을 보살피는 일은 너무나 소중하기에, 아이들을 생각할 때마다 마음이 흐뭇하다.

이렇듯 자녀들이 성장하여 우리 사회의 훌륭한 구성원으로 살아가고 있으니 더 이상 바랄 것이 없다. 그럼에도 부모 된 나는 아내와 함께 그들의 삶을 응원하며, 혹시 무슨 일이 있을까 노심초사 걱정하며 살아간다. 예로부터 "아흔 살 부모가 환갑된 자식을 걱정한다"는 말이 있듯, 자식들은 자신들의 삶만 바라보지만 부모는 자식들의 삶까지도 자신의 인생으로 여긴다는 사실을 실감한다.

■큰딸 최혜령, 사위 허준 부부 가족

■큰딸 최혜령, 사위 허준 부부 가족

■ 둘째딸 최선윤, 사위 이상윤 부부 가족

■ 둘째딸 최선윤, 사위 이상윤 부부 가족

■ 셋째딸 최성모, 사위 이재욱 부부 가족

■ 셋째딸 최성모, 사위 이재욱 부부 가족

■ 아들 최대통, 며느리 강하영 부부 가족

■아들 최대통, 며느리 강하영 부부 가족

다시 가족을 생각한다

어느덧 금혼식을 맞이하게 되었다.

없는 듯이 곁에서 그림자처럼 나와 우리 가족을 위해 헌신해 온 아내가 참으로 고맙다. 아이들이 자라는 동안, 그리고 집안의 대소사를 묵묵히 도맡아 온 아내의 내조가 요즘 들어 더욱 빛나 보인다. 살아오며 함께 기쁨과 슬픔을 나누어 온 아내에 대한 생각들이 주마등처럼 스쳐 지나간다.

늘 그 자리를 지키며 긴 세월 동안 시댁 식구들과 회사 직원들까지 보살펴 온 아내는, 집안의 큰며느리로서 때로는 눈물을 삼키고 가슴앓이를 했을 것을 생각하면, 나의 부족함이 떠올라 가슴이 아프다. 보다 최선을 다해, 뜨거운 마음으로 사랑하며 가정에 충실해야겠다고 다짐한다. 스스로를 돌아보니, 이제라도 철이 드는 듯하여 천만다행이라는 생각이 든다.

여장부셨던 나의 어머니는 억척스럽게 집안을 이끌어 오셨다. 내가 혼인을 위해 맞선을 보게 되었을 때, 어머니는 손수 며느리를 보기 위해 나와 함께 동행하셨고, 며느리감을 본 후 매우 흡족해하셨다. 나보다도 더 아내를 좋아하셨다. 어머니께서는 오랫동안 우리 집의 큰며느리 역할을 하셨기에, 인성이 바르고 총명한 며느리를 직접 고르고 싶으셨던 것이 아닐까 생각된다.

아내 허선자는 서울 수도여자사범대학을 졸업한 재원이다. 나와 결혼한 후, 오랫동안 아버지의 식사를 정성껏 챙기고, 어머니의 제사를 정중히 모셨다. 또, 밖으로만 떠도는 나를 대신해 아이들을 훌륭히 키워낸 효부와 현모양처의 부덕을 다해 왔다.

나는 우리 집 가훈을 "나만 믿고 평생 함께한 당신, 영원히 사랑하며 감사합니다"로 정했다. 앞서 밝힌 대로, 아내에 대한 사랑과 감사를 새기고자 하는 뜻에서다. 이렇듯 우리 가정을 굳건히 지켜준 아내에 대한 내 마음은 지금도 변함이 없다.

나는 인간의 삶에서 가장 중요한 것은 가정생활이라고 생각한다. 세상에 아무리 많은 재산과 명예, 권력을 지녔다 해도, 가정의 평화가 없다면 그는 결국 불행한 삶, 실패한 인생을 살아가는 것이라 생각한다. 실제로 우리 주변에는 재산과 명예, 권력을 모두 가진 이들 중에도 가정이 불행한 경우가 적지 않다. 아무리 유명한 기업가이거나 정치인이라 하더라도, 가정이 불화하고 평화롭지 못하다면, 그들의 삶은 화려한 껍데기에 불과할 뿐이다.

가정에서 외면받고 지탄받는 사람은 결코 행복하거나 성공한 인생이라 할 수 없다. 그렇기에 우리 가정을 평화롭고 화목하게 이끌어 온 아내에게 나는 영원히 사랑하며 감사하지 않을 수 없다.

나는 젊은 시절, 아내와 아이들과 함께 오순도순 다정한 시간을 보내지 못했던 것이 가슴 아프고 아쉽다. 세월이 흘러간 지금, 지나간 시간들이 후회스럽고 너무나 무정하게 느껴진다.

어머니가 돌아가신 후 여러 환경이 바뀌면서, 아버지를 모셔야 했던 상황 등 가정의 여러 사정이 그러했을 것이다. 그런 변화 속에서 아내가 얼마나 많은 고생을 했을지를 생각하면, 뒤늦은 후회가 나를 부끄럽게 만들고, 아내와 아이들에게 미안한 마음이 나를 괴롭게 한다.

되돌릴 수 없는 시간이기에 더더욱 아내와 자녀들에게 미안하다. 그들에게 아름답고 행복한 추억을 많이 남겨주지 못했기 때문이다. 세월이 흐른 지금, 회한과 후회의 감정이 가슴을 때린다. 이제라도 가족에게 잘해야겠다고 생각하지만, 너무 늦은 것은 아닐까 하는 생각도 든다.

이제 내 머리엔 흰 머리칼이 늘고, 손자·손녀들도 어느새 대학생이 되었다. '세월이 화살 같다'는 말이 실감되는 요즘이다. 덧없는 시간 속에서도 다시 시작하는 마음으로, 가족에게 최선을 다하겠다는 다짐을 새롭게 한다. 다시 한 번 말하지만, 인간의 근본은 가정이다.

사랑합니다

환경과 참된 나의 발견

사람이 성장하여 자신의 인격과 성품을 갖추기까지는 수많은 시간과 다양한 요인들이 작용한다. 사람은 절대적으로 자신이 처한 환경의 지배를 받는다. 어떤 부모 밑에서 태어나 성장했는지, 즉 집안마다 내려오는 가풍, 가족 간의 관계, 교육, 어떤 책을 읽었는지, 위인들의 영향, 교우 관계, 신앙, 성격 등에 의해 인격과 성품이 형성된다. 사회에 나와 택한 직업, 직장 안에서의 인간관계, 큰 병을 앓아 죽음의 문턱까지 갔다가 다시 회생한 경험, 여행 등도 사람을 변화시키는 계기가 될 수 있다.

우리는 최근 텔레비전 프로그램 '나는 자연인이다'에 소개되는 사람들의 다양한 에피소드를 통해 그 사람의 인격과 성품을 알아볼 수 있다. 사업을 하다가 친한 사람에게 사기를 당해 마음의 상처를 입고, 사람에게 환멸을 느껴 아무도 없는 산속에 와서 마음 편하게 살아가는 사람이 있는가 하면, 죽을 병에 걸려 자포자기한 심정으로 문명과 동떨어진 산중에 와서 병의 치유를 경험한 사람도 있다. 마음의 상처를 입거나 큰 병을 앓았던 사람들은 이런 계기로 마음의 변화를 겪는 경우가 대부분이다. 이전까지 세속의 욕망을 위해 앞만 보고 달려오다가 가족의 소중함을 깨닫기도 하고, 물질적 욕망의 부질없음으로 마음의 변화를 겪기도 한다.

"환경이 사람을 만든다"는 말처럼, 세 번 이사해 아들을 키웠다는 맹자 어머니의 고사 '맹모삼천지교(孟母三遷之敎)'는 환경의 중요성을 알려 준다. 맹자가 어렸을 때 묘지 가까이 살았더니 장사(葬事)를 지내는 흉내를 내기에 어머니가 시장 근처로 집을 옮겼다. 이번에는 물건을 파는 흉내를 내므로, 다시 서당이 있는 곳으로 옮겨 공부를 시켰다고 한다. 이처럼 환경이 누군가의 삶에 큰 영향을 준다는 것을 알 수 있다.

특히 한 사람의 인격과 성품을 결정짓는 데 큰 영향을 미치는 것은 어린 시절의 추억이다. 추억이 많은 사람은 부자이다. 예술가들에게 어린 시절의 추억은 평생 살아가는 데 무한한 상상력을 제공한다. 고향에서의 동화 같은 기억, 가난하지만 인정이 넘치는 부모님의 슬하에서 느낀 따스함과 포근함, 천진난만한 동무들과 들판을 뛰놀던 추억, 어린 시절 잊지 못할 선생님의 가르침은 어른이 되고 늙어 가면서도 잊지 못해 그리워하게 된다. 그리고 그 시절을 동경하며 행복해한다. 현실의 삶에서 부딪히는 고통과 어려움을 극복하는 데 큰 힘으로 작용한다.

기억력이 쇠퇴한 어르신들도 어린 시절의 추억은 잊지 않고 자주 떠올린다. 어린 시절의 추억은 우리가 잃어버린 지상의 낙원을 환기시키는 유토피아이다. 이처럼 어린 시절의 환경은 인간의 인격과 성품에 영향을 미치며, 평생 살아가는 데 필요한 훌륭한 이야깃거리가 되므로 매우 중요하다.

그런데 나는 어린 시절의 추억이 없는 것은 아니지만, 즐겁고 행복한 추억이 별로 없어 참으로 불행하고 슬프다. 늘 밖에서 바쁘게 일하시는 부모님 그리고 도시라는 공간 속에서 성장한 탓에, 시골에서 자연과 함께했던 동년배들보다 나의 유년은 아름다운 추억을 가슴속에 새기기 쉽지 않았다.

그랬기 때문일까. 훗날 나는 도시라는 현대 문명의 집약지보다는 자연을 더욱 가까이 여기는 자연 친화적인 사람이 되었다. 내 마음 깊은 곳에서 늘 자연을 그리워하고, 그곳에 머물기를 좋아하게 되었다.

물론 잘사는 집안에서 태어났기 때문에 언제나 부모님께 감사하고 고마운 마음이 있다. 부족한 것 없이 풍족하게 살 수 있었던 것은 가난한 집안의 아이들보다 행운이었다. 이러한 환경이 나를 긍정적인 방향으로 이끌었을 것이다. 남들보다 여유롭게 살 수 있었기 때문에 큰 시련 없이, 그리고 큰 걱정 없이 살아온 내가 거친 파도가 치는 험악한 세상에서 휘둘리며 살아가게 되었을지도 모른다는 생각도 해 본다.

그리고 많은 세월이 흘러 나는 비로소 세상의 이치를 알게 되고 나의 진정한 모습을 바라보게 되었다. 내 자신이 어떤 사람이라는 것을 깨닫게 된 것만으로도 다행스럽다. 평생 자신이 누구인지도 모르는 사람들과 함께 살아가는 세상에서, 참다운 나를 발견함으로써 이 세상을 진심으로 바라볼 수 있게 되었기 때문이다.

영혼이 아름다운 사람을 위해

세상에는 수많은 사람들이 살고 있다. 그 사람들의 가슴 속 깊은 곳에는 영혼이 깃들어 있다. 그렇다면 지상에서 살다 간 사람들의 영혼은 사라진 것일까? 나는 이러한 물음을 스스로에게 던져 왔다. 역사에는 이름을 남기고 간 사람들만 기억되기 때문이다. 그리고 또 다른 물음은 나무와 바위, 그리고 동물들에게도 영혼이 있을까 하는 질문이다. 여러 가지 물음에 대해 잘 알 수는 없지만, 나는 생각한다. 우주와 세계를 주관하는 신적 존재는 이름 없는 사람은 물론 하찮은 미물에게도 영혼을 주었으며, 이 땅 위에서 살다 간 존재들도 육신은 사라졌어도 그 영혼은 남아 있을 것이라고. 생명이 있었다가 죽은 것들 역시 그 삶이 아름다웠다면 하늘의 별이 되어 반짝일 것이라고 믿는다.

이름난 정치인·예술인·군인을 비롯해 시장에서 장사하는 이들까지 따지지 않고, 맑은 정신으로 가난한 사람들을 위해 헌신한 사람들, 나라를 위해 희생한 사람들, 배고픈 길거리의 짐승들에게 먹이를 주는 사람들 또한 그 삶이 숭고하고 아름다웠으므로 영혼이 빛난다고 여긴다.

우리 조상들은 만물유생(萬物有生)이라 하였다. 마을을 지키는 수호신으로 여겨지던 당산나무와 커다란 바위, 심지어 호랑이에게도 영혼이 깃들어 있다고 믿었다. 하찮은 풀과 지렁이에게조차 영혼이 있다고 여겼다.

최근 프란치스코 교황이 하느님 곁으로 가셨다. 교황께서는 즉위하자마자 이탈리아반도의 끝자락, 지중해의 람페두섬으로 달려가 난민들을 위로하였다. 삶이 너무나도 고단해 아프리카 북단에서 배를 타고 지중해를 건너다가 난파된 탓에 수많은 목숨이 희생되었다. 지금도 작은 배에 몸을 실어 파도를 헤치다가 목숨을 잃는 이들이 끊이지 않는다. 가까스로 살아난 사람들마저 난민을 외면하는 유럽 각국이 받아들이지 않아 섬에 유폐되다시피 하고 있다. 교황께서는 그들의 손을 잡아 주며 기도하셨다. 또한 즉위한 직후 아시아에서는 최초로 2014년 한국을 방문해 세월호 참사로 목숨을 잃은 아이들의 부모를 위로했고, 세계 곳곳의 전쟁 참화 현장을 찾아 유족과 피난민들에게 따뜻함을 전했으며, 인권에서 소외된 소수자들을 위해 헌신하였다.

뿐만아니라 프란치스코 교황은 평생 청빈한 삶을 살아 선종 후 남긴 재산이 겨우 14만 원이라고 한다. 교황 재위 시 월급을 수령하지 않았기 때문이다. 그래서 교황의 상징인 화려한 빨간 구두 대신 평범한 검은색 구두를 신었다. 그리고 전통적으로 교황들의 무덤이 있는 성 베드로 성당에 묻히지 않고 바티칸 밖인 로마의 산타 마리아 성당 마조레 대성전에 장식하지 말고 이름만 새기도록 유언하였다.

이렇듯 고귀한 삶을 살다 하느님 곁으로 가신 프란치스코 교황은 가난하고 소외된 사람들을 위해 살며 프란치스코 성인의 길을 실천했다. 하느님 곁으로 간 교황께서는 하늘의 별이 되어 반짝일 것이다.

밤하늘의 별들은 어둠 속에서 더욱 또렷하다. 어둠을 밝히기 위해서다. 만약 밤이 칠흑 같은 어둠뿐이라면 우리는 길을 찾지 못할 것이다. 이천 년 전, 아기 예수께서 오실 때 동방박사 세 사람이 그 별빛을 따라 예루살렘 외곽의 가난한 집 말구유로 갈 수 있었던 것처럼.

우리는 어떻게 살아야 할지를 알아야 한다. 눈앞의 휘황찬란한 것에 현혹되지 말고, 오늘이 고통스럽더라도 누군가에게 따스한 마음을 건넬 수 있어야 한다. 그럴 때 훗날 삶이 다해도 아름다운 영혼으로 남아 하늘의 빛나는 별이 될 수 있다고 믿는다. 밤하늘을 올려다보라. 반짝이는 별들이 한때 지상의 아름다운 영혼이었음을 기억하자.

네 자신을 알라

2,500년 전, 그리스 아테네에서 활동한 철학자 소크라테스는 철학의 아버지로 칭송받는다. 인간의 내면에 관심을 가진 그는 이성적·비판적·반성적인 자세와 토대를 추구하였는데, "나는 내가 아무것도 모른다는 것을 안다"는 깨달음을 얻어 오늘날 말하는 메타인지(meta認知)의 선구자가 되었다. 이와 관련하여 그는 저 유명한 "너 자신을 알라"는 말을 남겼다. 소크라테스는 스승을 자처하지 않았으며 자신을 어리석은 사람으로 내세웠다. 다만 함께 대화하며 진리를 모색하고 검토할 것을 요청하였다.

그런 까닭에 앞서 말한 "너 자신을 알라"는 이후 많은 철학자는 물론 현대에 이르기까지 회자되고 있다. 최근 우리의 정치 상황을 질타하기 위해 가수 나훈아는 '테스 형'이라는 노래를 부르기도 했다. 여야가 자신들의 허물을 보지 못하고 서로의 허물만 탓하는 내로남불의 행태를 각성하라는 메시지로 큰 반향을 일으켰다.

우리는 여러 가지 측면에서 자신을 알아야 한다. 흔히 자신의 주장만이 정답이거나 최고의 가치, 최고의 선이라고 생각하는 경향이 있다. 이러한 태도는 우리 사회를 분열시킨다. 텔레비전에서

좌담회나 토론을 할 때 상대를 이해하지 않으려는 태도로 자신의 주장만을 하는 모습을 종종 목도한다. 결국 상대의 마음을 불편하게 하고 거리는 좁혀지지 않는다. 그러다 보면 감정의 골이 깊어지기 십상이다.

오늘 우리 사회는 진영으로 갈라져 서로를 증오하며 마치 철천지 원수처럼 대하는 경향이 있다. 사사건건 서로 충돌하며 한 치의 양보도 보이지 않는다. 이른바 좌우의 대립이 격화되어 보수 세력과 진보 세력이 아스팔트에 나와 자신들의 주장만을 펼친다. 이러한 상황을 누군가는 '심리적 내란' 상태라고 말할 정도로 심각하다.

소크라테스가 말한 "너 자신을 알라"는 명제가 더욱 절실하고 간절하게 다가오는 시대이다. 상대를 꾸짖기 전에 자신을 먼저 살펴야 할 때이다. 서로의 의견에 귀 기울이며 상대를 존중할 때 민주주의는 물론 평화가 이 땅에 견고하게 자리 잡을 것이고, 우리 사회도 더욱 성숙하고 발전할 것이다. 자신을 자각하는 일은 집단은 물론 개인 각자에게도 적용된다. 언제나 자신을 성찰하는 태도를 보일 때 더 건강한 영혼을 지닐 수 있다. 그러므로 자신을 아는 일은 현재는 물론 정신적으로 건강한 미래를 준비하는 일이 된다.

누구든지 인생을 설계하면서 나이에 알맞은 계획을 수립한다. 처음부터 자신의 능력을 알지 못하여 허황된 미래를 꿈꾼다면 그것은 사막의 신기루 같은 것이 되고 만다. "천리길도 한 걸음부터"라는 속담이 있다. 천리길은 먼 길이지만 첫걸음을 내디뎌야 가능한 일이다. 이때 첫걸음은 아주 미약한 일이다. 그럼에도 "티끌 모아 태산"이라는 말처럼 자신의 한계와 능력을 극복한다면 능히 천리길도 갈 수 있고 태산을 쌓을 수 있다.

나는 긴 세월 동안 다양한 사회 활동을 해 보았다. 늘 자신이 부족하다는 것을 느꼈다. 스스로는 커다란 일을 수행할 수 있다고 생각하기도 했지만, 한계를 인식하지 못하면 큰일을 해낼 수 없다. "결핍이 나를 키운다"고 한다. 항상 자신의 부족함을 인지함으로써 그것을 극복하기 위한 에너지를 모을 수 있는 것이다. 인류의 역사와 과학 문명도 결핍 때문에 늘 새로운 것을 만들어 내고 발전해 왔다.

자신의 한계를 아는 일은 그 한계를 극복하는 출발이 된다. 그러므로 한계를 인식하는 일은 능력의 부족으로 포기하라는 뜻이 아니다. 더욱 도전하여 한계를 넘어서라는 의미이다. 인생은 이처럼 산을 넘고 강을 건너는 한계에 도전함으로써 더욱 의미가 있다. 그러하기에 나는 마음속 깊은 곳에 "네 자신을 알라"는 말을 새기고 살아간다.

PART + 02

아름다운 삶을 위해

아름다운 삶을 위하여

인간은 누구나 살아가며 삶의 이치를 깨닫게 마련이다. 신앙을 가진 사람은 신앙의 가르침을 통해, 또는 책을 통해, 혹은 자신의 시행착오를 통해 보다 나은 인간의 길을 걷고자 한다. 세상은 겉보기에는 살 만한 곳처럼 보일지라도, 그 이면에는 언제나 그늘진 모습이 존재하므로, 마치 징검다리를 건너듯 조심스럽게, 옛 속담처럼 돌다리도 두드려보며 생의 강을 건너야 한다.

세상에는 수많은 유혹이 마치 함정처럼 도사리고 있다. 아름다운 버섯의 자태에 취해 그것을 먹는다면, 그것이 독버섯이었음을 뒤늦게 깨닫고 돌이킬 수 없는 실수를 저지를 수도 있다. 독버섯을 먹으면 몸이 상하거나, 심지어 목숨을 잃을 수도 있기 때문이다. 아무리 좋은 일이 있어도 유혹에 빠지면, 한순간의 잘못된 판단과 욕심으로 인해 삶이 무너지고 끝자락으로 내몰리는 경우가 비일비재하다.

나는 살아오며, 단 한 번의 잘못된 판단으로 오랫동안 고생하거나 나락에서 헤어나오지 못하는 이들을 수없이 보아왔다. 정직하게 일하며, 그 과정에서 느끼는 성취감을 바탕으로 자신의 꿈을 차

근차근 이루어가야 한다. 땀 흘리지 않고는 어떤 것도 이룰 수 없다. 그러므로 자신의 한계와, 주어진 복의 범위를 인식하고, 이를 극복하기 위해 노력해야 한다. 또는 주어진 상태에 만족하며, 늘 감사한 마음으로 삶의 의미를 찾아야 한다.

날마다 쏟아지는 뉴스는 사건사고를 전한다. 하루에도 많은 사람들이 실수와 잘못을 저지른다. 그 대부분은 탐욕과 부정에서 비롯되며, 상식을 벗어난 선택이 불행한 결과를 낳는다. 이런 일들이 우리를 우울하게 만든다.

오늘날 우리 사회를 움직이는 시스템은 자본주의 시장경제 체제이다. 노력한 만큼 보상을 받는 구조다. 현대문명의 발전으로 삶은 훨씬 편리해졌지만, 그렇다고 모두가 행복하다고 말하기는 어렵다. 누군가는 일확천금을 얻었다는 소문을 듣는다. 이에 자극을 받아 부정한 방법으로 큰돈을 벌고자 권모술수를 쓰는 사람도 있다. 하지만 그 결과는 본인은 물론이고 선량한 이들에게 고통을 안긴다.

심지어 조금 더 빨리 가기 위해 교통법규를 위반하다가, 다시는 가족의 품으로 돌아오지 못하거나 평생을 후회하며 살아가는 경우도 있다. 또한 일을 쉽게 끝내려다 건물이 붕괴되어, 지나가던 버스 승객들이 희생된 이른바 '학동참사' 같은 사건도 있었다. 그 비극은 여러 무고한 시민의 목숨을 앗아갔다. 지금도 그 앞을 지날 때면 마음이 무겁고 슬픔이 밀려온다.

아름답고 살기 좋은 세상을 만들기 위해서, 아니 나 자신을 위해서라도 항상 사회 질서를 지켜야 한다. 문제는 많은 사건사고가 질서와 규범을 무시하는 데에서 비롯된다는 사실이다. 우리는 그것을 기억하고 반드시 실천해야 한다.

인생을 살아가며 중요한 것 중 하나는 '자신을 아는 일'이다. 그동안 여러 사회 활동을 하면서도, 나는 늘 내 자신이 부족하다고 느낀 순간이 많았다. 어느덧 내 나이도 77세에 이르렀고, 이제는 그동안 쌓아온 경험을 바탕으로 '가치 있는 삶'이 무엇이며, 내가 어떻게 살아야 하는지를 조금은 알 것 같다. 인생은 생로병사의 과정을 거쳐 언젠가는 끝을 맞이한다. 살아 있는 동안, 조금이라도 더 의미 있고 가치 있는 삶을 살아가려 노력해야 한다. 그러기 위해서는 내가 무엇을 잘할 수 있는지를 먼저 알고, 그에 맞게 살아가야 한다.

그리고 내가 살아오며 절실하게 깨달은 것은 가정의 소중함이다. 가정은 인간 존재의 근본이며, 내가 살아가는 이유가 되어야 한다. 세상이 나를 외면하고 손가락질하더라도, 가정의 구성원인 가족은 결코 나를 버리지 않는다. 갈 곳 없이 방황할지라도, 내가 돌아갈 곳은 오직 가족의 품이 있는 가정뿐이다.

성경에서도 집을 떠난 탕자를 맞아준 것은 아버지가 있는 가족의 품이었다. 아버지로부터 받은 재산을 들고 세상으로 나가 온갖 일을 하며 탕진한 그 아들을 맞이해준 것은 결국 가족이었다. 아들이 재산을 모두 날려버렸기에 미울 수도, 괘씸할 수도 있었겠지만, 거지가 되어 돌아온 아들을 아버지는 기꺼이 맞아주었다.

세상 사람들에게는 보잘것없고 하찮은 존재일지라도, 아버지는 단 한 번도 아들의 안위를 걱정하지 않은 적이 없었다. 어디서 무엇을 하며 살아가는지, 밥은 먹었는지, 잠은 제대로 자고 있는지 항상 염려하며 아들을 기다린 것이다.

세상의 모든 부모도 이와 같아, 자식이 남들의 관심 밖에 있을지라도 언제나 사랑스럽고 소중한 아들딸로 여긴다. 그러므로 가족이 있는 가정은 집이 누추하고 배가 고플지라도 늘 따뜻하고 그리운 곳이다. 우리가 열심히 살아가는 이유는 결국 가정을 화목하고 평화로운 공간으로 만들기 위함이며, 그 속에서 행복을 찾기 위해서다.

그러나 아무리 많은 재산이 있더라도, 가정이 불화하고 따뜻한 가족애가 없다면 그 모든 것은 무의미하다. 그래서 종종 재벌가에서 가족끼리 법정 싸움을 벌이고, 원수처럼 반목하는 모습을 볼 때면, '가정'과 '가족'의 의미를 다시금 묻게 된다. 도대체 왜 가족과 등을 지면서까지 돈을 쌓아올리려 하는 것일까.

가정의 구성원은 부모, 형제, 배우자, 자녀이며, 가까운 친척들도 포함된다. 가족은 혈연으로 맺어진 관계이기에 더욱 끈끈한 유대감을 지닌다. 물론 오늘날 가족의 개념이 꼭 혈연에만 국한되지는 않지만, 여전히 대부분의 가정은 전통적인 혈연 중심으로 이루어져 있고, 그만큼 혈연을 통한 결속이 일반적이다.

가정은 결국 나라는 존재를 규명하는 가장 중요한 공간이자 관계망이며, 무엇보다도 우리 사회를 이루는 가장 작은 단위의 공동체이다. 가정이 건강하고 행복해야 사회도 건강하고 행복해질 수 있기 때문이다.

가족은 기쁠 때나 슬플 때나, 어려움 속에서도 함께하는 존재다. 이처럼 희로애락을 함께 겪어온 가족은 서로에 대한 깊은 신뢰를 바탕으로 같은 방향을 바라보며 살아간다.

내가 집을 나설 때 나를 걱정해주는 가족, 그리고 내가 우리 가족을 위한 삶의 목표를 세우는 일은 의무이자 당연한 일이다. 이처럼 일상 속 작은 일들에서도 서로에게 따뜻한 마음을 나눈다면, 우리 가정은 물론 우리 사회도 더욱 아름다워질 수 있을 것이다.

유혹을 극복하고 다시 꾸는 꿈

인간은 살아가면서 시행착오를 겪기 마련이다. 시련을 극복하고 자신의 꿈을 향해 나아갈 때 비로소 더 나은 미래가 열린다. 나 또한 젊은 시절 많은 시련을 겪었다. 그때는 세상이 어떤 곳인지 잘 몰랐던 것 같다. 순진하고 착한 마음만으로는 세상을 살아갈 수 없었다. '약육강식'이라는 말처럼 여러 가지 어려움을 경험했다. 비교적 부족함 없는 집안에서 태어난 것은 분명 큰 행운이었지만, 세상은 호락호락하지 않아 끊임없이 나를 시험했다.

특히 최근 3~4년 동안 내 삶을 뒤흔드는 유혹이 있었다. 마음이 약한 나는 그 유혹에 흔들리기도 했다. 여러 비전을 제시한 사람들에게 마음이 혹했지만, 최종 판단은 내 몫이었다. 나는 하느님께 지혜를 구하며 신중히 판단하고자 기도했다.

여지껏 비할 바 없이 아주 중대한 절체절명의 결정을 내려야 했다. 상대가 협력자일 수도, 나를 해치려는 사람일 수도 있었다. 그들이 제시한 것이 비전일 수도, 탐욕일 수도 있다고 생각했다. 나는 서두르지 않고 시간을 들여 내 형편과 능력에 맞는 선택을 하는 것이 현명하다고 여겼다. 특히 욕심과 과도한 의욕은 금물임을 명심했다. 그래서 나는 잘못된 유혹에서 벗어날 수 있었다.

인간은 누구나 한때 자신의 꿈을 향해 나아간다. 꿈이 쉽게 이루어질 수도 있지만, 나아가기 힘든 경우가 더 많다. 나 역시 수많은 시련 속에서 고난과 역경을 겪었다. 그러나 불굴의 끈기와 의지로 그 모든 상황을 극복할 수 있었다. 이제 나이가 들어 지나온 삶을 뒤돌아보니, 비로소 인생이 무엇인지 어렴풋이 알 것 같다.

아버지의 업적을 장남으로서 널리 알려야 했음에도 그러지 못한 점이 늘 마음에 걸린다. 굴곡 많은 근현대사를 헤치며 사회에 공헌하신 아버지의 성취를 더욱 빛나게 기리고자, 앞으로 남은 시간을 바칠 생각이다.

또한 아버지께서 남기신 재산을 법인화하여 후세에 사람들이 아버지의 이름을 기억할 수 있도록, 형제들과 뜻을 모아 가족애를 바탕으로 아버지의 숭고한 정신을 등불처럼 밝혀나가고 싶다.

요즘 나는 임진왜란 때 나라를 구한 충무공 이순신 장군을 자주 떠올린다. 정적들의 음해로 감옥에 들어갔다가 나라가 위태로워 다시 감옥에서 풀려난 뒤 백의종군하다가, 겨우 12척의 배만 남은 상황에서도 "신에게는 아직도 12척의 배가 있습니다"라며 절망 대신 용기를 택했던 그 기상의 원천은 무엇이었을까. 수군에게 함선은 가장 중요한 전략적 자산인데, 원균에 의해 궤멸되고 남은 12척의 배로 어떻게 왜적을 물리치겠는가라고 절망해야 할 때 이순신 장군은 오히려 12척의 배가 남아있는 것을 감사할 줄 알았다. 물론 마음속으로는 낙심천만이었겠지만, 그걸 내색하지 않고 전열을 가다듬었으니, 왜적을 격파시키는 원동력으로 작용하였다.

나 역시 아직 꿈을 꾸고 있으며, 그 꿈을 실현할 시간도 충분하다. 해 볼 때까지 꿈을 꾸고 도전해 보아야 하지 않겠는가. 아버지께서 물려주셨으나 잃어버린 제약회사를 비롯해 못다 이룬 꿈들을, 집안의 장남으로서 지금부터라도 주어진 환경 안에서 재건해 보리라 용기를 내본다.

물론 그 과정이 쉽지는 않을 것이다. 수많은 유혹과 함정이 도사리고 있을 테니, 충무공처럼 담대한 용기가 필요하다. 나는 마음을 견고히 다져 그 길을 걸어가려 한다.

변화의 흐름 속에서

세상에 변하지 않는 것은 아무것도 없다. 한 알의 씨앗이 싹틔워 거목이 되고, 아이가 자라 어른이 되며 마침내 늙어 가듯, 모든 존재는 시간의 흐름을 피해 갈 수 없다. "강산도 10년이면 변한다"는 속담이 말하듯, 변치 않을 것처럼 보이는 대상조차 자연의 섭리 앞에서는 예외가 아니다.

사람의 마음도 마찬가지다. 청년 시절 타오르던 열정은 세월 속에서 차츰 온화해지고 부드러워진다. 상류의 거친 돌이 물길을 따라 흘러가며 모서리가 깎여 둥글어지는 것과 같은 이치다.

삶의 조건 역시 크게 달라졌다. 불과 수십 년 전만 해도 허기와 가난으로 끼니를 잇지 못하는 이들이 많았지만, 오늘날 굶주림은 드문 일이 되었다. 초가집은 기와집과 양옥으로 바뀌었고, 도시에는 고층 빌딩이 즐비하다. 도시가 팽창하고 시골마저 교통이 편리해지면서 생활환경은 획기적으로 개선되었다.

이러한 변화는 우연이 아니라 인간의 힘으로 이루어졌다. 제3공화국 출범 이후 박정희 대통령이 '잘살아보세'를 외치며 경제 개발 계획을 추진했고, 새마을운동은 '오천 년 가난'을 벗어나자는 국민적 열의를 불러일으켰다. 한편 민주화운동은 시민의 권리를 회복시켰으나 5·18 광주민중항쟁처럼 뼈아픈 희생도 있었다. 더 멀리 거슬러 올라가면 6·25 전쟁의 비극 속에서 우리는 자유와 평화의 가치를 깊이 체감했다.

결국 씨앗이 자라 거목이 되고, 아이가 성장해 어른이 되듯, 사회와 역사는 끊임없이 변한다. 늙은 나무 아래 새로운 묘목이 돋고, 앞 세대가 물러나면 다음 세대가 바통을 이어받는 순환이야말로 생명의 법칙이다. 우리가 그 흐름을 거스를 수 없다면, 마땅히 변화를 이끄는 주체로 살아가야 한다.

여기서 중요한 것은 연속성이다. 바통 이어달리기에서 누군가가 일탈하면 레이스가 무너지듯, 사회 역시 상식과 보편성을 거스르는 이들 때문에 혼란을 겪는다. 거대한 강물을 가로막는 바위 같은 존재가 물살을 일시적으로 흩트릴 수는 있어도, 결국 강물은 흐름을 멈추지 않는다.

나 또한 사업가이면서 신앙인, 그리고 예술가다. 각 영역에서 요구하는 길이 다르지만, 공통점은 성장과 변화가 끊임없이 필요하다는 사실이다. 기업인은 시장의 변화를 읽어야 하고, 신앙인은 믿음 안에서 삶을 쇄신해야 하며, 예술가는 상상력으로 미지의 길을 열어야 감동을 줄 수 있다. 그래서 나는 스스로 변화를 창조하며, 그 과정을 통해 한 걸음씩 성숙해 간다.

이 원리는 누구에게나 적용된다. 십 년, 이십 년 전 모습에 머물러 자라지 못하는 개인이 많아질수록 사회의 활력도 떨어진다. 그러므로 우리는 자연·역사·개인의 삶에 공통으로 흐르는 '변화의 법칙'을 인식하고, 그 흐름을 주도하는 삶을 선택해야 한다. 그것이 곧 개인의 성장과 사회의 발전을 동시에 이루는 길이다.

변화는 무조건 옛 것을 버리고 새로운 것만을 추구하는 것은 아니다. 온고이지신(溫故而知新)이라는 말이 있다. '옛것을 익히고 이루어서 새것을 안다'는 뜻이다. 이 말은 논어의 위정편(爲政篇)에 나오는 공자의 가르침이다. 지난날의 경험과 자료들을 통하여 현재의 상황을 미루어 평가하고 나아가 현명한 투자 판단을 기하기 위해 우리는 온고이지신의 참뜻을 새겨보아야 한다. 즉 온고이지신은 과거를 오래된 미래로 바라보는 인식에서 시작된다. 옛것을 잘 살피면 새로운 것을 발견할 수 있다는 뜻이다. 이렇듯 변화는 지나간 역사가 과거라는 시간 속에 묻힌 것이 아니라 밝고 희망찬 미래를 이끄는 힘이라는 것을 말한다.

세월이 사람을 만든다

나이 들어간다는 것은 단순히 생물학적인 변화만을 의미하지 않는다. 곧 진정한 어른이 된다는 뜻이다. "하룻강아지 범 무서운 줄 모른다"는 속담처럼, 어린 시절에는 세상 물정을 모르고 겁 없이 날뛴다. 그러나 강아지도 성장하면 그동안의 경험을 통해 사리분별할 줄 알게 되어 행동한다. 사람도 마찬가지다.

추사체로 유명한 추사 김정희는 1786년(정조 10년) 충남 예산군 신암면 용궁리에서 이조판서 김노경의 아들로 태어났다. 그의 고조할아버지 김흥경은 영의정을 지냈고, 증조할아버지 김한신은 영조의 부마로, 대대로 명문가였다. 추사 김정희는 승승장구하여 병조참의까지 올랐지만, 인생이 꼬이기 시작한 것은 충청우도 암행어사로 임명되어 충청도 비인에 내려가 현감 김우명의 비리를 적발해 그를 봉고파직한 데서 불행의 불씨가 생겨난 데서 비롯되었다. 김우명은 안동 김씨였고, 세월이 흘러 안동 김씨가 권력을 잡자 추사의 아버지 김노경과 추사를 모함해 귀양을 보냈다. 김우명의 모함에 희생돼 서귀포 대정에서 지낸 9년여의 위리안치 생활은 참으로 외롭고도 모진 시간이었다.

금석문 연구로 이름난 우리나라 최고의 서예가 추사 김정희의 삶의 변화는 그의 서예 작품에 고스란히 나타난다. 흔히 말하는 '추사체'는 특정한 한 가지 형식이 아니다. 젊은 시절과 그 이후의 글씨체가 모두 다르지만, 추사만의 독창적인 필법이 드러난다. 젊은 시절 암행어사로 활동할 때의 글씨는 패기가 넘치면서도 다소 오만한 느낌을 풍긴다. 그러나 귀양살이를 하며 주위에 들끓던 사람들까지 모두 떠나 외롭고 쓸쓸한 인생의 쓴맛을 깨달을 때 쓴 글씨에는 연륜이 깃들고, 겸손하고 진중한 기품이 배어 있다.

밖으로 나갈 수 없이 집 안에만 머물러야 했던 위리안치 귀양살이 때, 오직 그를 따르던 제자 이상적이 스승을 위해 중국에 가서 서적을 구해 보내주자, 그는 그 유명한 '세한도(歲寒圖)'를 그려 보냈다. 오늘날 국보로 지정된 세한도는 인생의 허무 속에서도 스승을 위해 변치 않는 의리와 지조를 지킨 이상적을 향한 감사와 애정을 형상화한 작품이다.

세한도 발문에서 "일 년 중 가장 추울 때 소나무와 잣나무의 푸르름은 더욱 빛난다"고 하며, 이상적의 의리를 소나무와 잣나무에 비유하였다. 외롭고 쓸쓸한 서귀포 대정의 적소에서 많은 것을 깨달은 김정희는 젊은 시절의 오만함과 패기를 누그러뜨렸고, 그의 글씨 또한 이러한 마음을 닮아 부드러우면서도 깊어졌다. 세월과 세상인심이 추사 김정희의 마음을 달래고 그의 눈빛을 차분하게 바꾼 것이다.

60여 년 전 어린 시절, 우리나라는 가난했다. 하루에 세 끼 밥을 모두 먹는 사람이 드물었고, 길거리에는 빌어먹는 거지들이 많았다. 그럼에도 나는 부모님을 잘 만나 유복한 생활을 했다. 가난이 무엇인지 모른 처지였다. 학교에 가면 땟국물이 흐르는 옷을 입은 아이들이 많았지만, 나는 훌륭한 부모님 밑에서 태어난 것이 행운이라는 사실을 깨닫지 못했고, 주어진 좋은 환경에 감사하는 마음을 갖지도 못했다. 지금 돌이켜 보면 철딱서니 없는 부잣집 도련님이었다. 이웃과 사촌 형제들을 무시하며 갑질하기도 했다. 그들 입장에서 보면 내가 참 얄미웠을 것이다. 세월이 흐르고 나이가 들면서, 어린 시절의 철없음이 사촌 형제들에게 미안해 부끄럽다. 집안 배경만 믿고 잘난 척, 우월한 척했던 시간들이 지금도 내 마음을 아프게 한다.

나는 서예가는 아니어서 추사 김정희의 글씨처럼 변화하는 마음을 붓끝으로 보여줄 수는 없지만, 적어도 나의 얼굴과 말투만큼은 세상 물정을 모르고 날뛰던 어린 시절의 모습이 아니라, 보다 진중하고 진실된 모습을 띠고 있으리라 믿어 본다.

최경자 선생님, 보고싶습니다

화순 양산농원을 갈 때마다 운산(雲山) 오른쪽 계곡의 시비림(詩碑林)을 바라보면, 최경자 선생님과 함께한 수많은 추억이 주마등처럼 스쳐 간다. 최경자 선생님은 친누님 같으신 분으로 내게 온정을 베푸셨고, 특히 운산에 시비 공원을 조성할 때 일일이 시인을 선정해 이 아름다운 시비를 세울 수 있도록 큰 도움을 주셨다. 전국의 내로라하는 시인들의 시비 공원이 완성되기 전에 돌아가셔서 무척이나 아쉽고, 생각할 때마다 옛 정이 그리워 눈시울이 붉어진다.

■ 최경자 시집『동촌의 향기』

20여 년 전, 내가 광주시 학부모연합회 회장으로 있을 때 인연이 되어 오래 친동기처럼 지냈는데, 오랫동안 부군을 병간호하시고 쓸쓸한 노년을 보내시다가 우리 곁을 떠나신 것을 생각하면 마음이 안타까워 더욱 그립다. 선생님은 일찍이 문단에 나와 존경받는 시인 겸 수필가·아동문학가로서 우리 지역을 대표하는 문학 선배이시다. 등단은 물론 여러 문학 모임에 나를 이끌어 주셨고, 특히 정일균 국장님을 소개해 주셔서 아버님·어머님 묘 이장과 조상님, 그리고 나의 신후지지(身後之地)를 성실하게 마련해 주셨다. 모두가 최경자 선생님의 은덕이라 생각한다. 가끔 정일균 국장님과 마음속 이야기를 나눌 때면, 선생님의 부재를 안타까워하며 사모하는 정이 더욱 깊어진다.

최경자 선생님은 1939년 일본 도쿄에서 태어나 순천사범학교를 졸업하셨다. 1963년 시문학 《시작》 동인으로 문단에 발을 내디딘 뒤 동인지를 펴냈고, 같은 해 아동문학 동인 《아기섬》에 참여해 3집까지 간행했다. 이어 《한맥문학》과 《문학춘추》를 통해 시인으로 등단하였고, 《현대문예》 수필 당선을 계기로 수필가로도 활동했다. 아동문학·시·수필 분야를 아우르며 지역 문학에 크게 기여하셨다.

그동안 한국문인협회와 광주문인협회 회원으로 활동하셨으며, 전남문인협회 부회장, 여수문학 부회장, 화순문인협회 부회장, 한국지역문학교류대회 추진위원장 등을 역임했다. 또한 광주시인협회 부회장, 평화문화시비공원장으로도 활동하였다. 황조근정훈장, 우수교원 교육부장관 표창 3회, 한국예술여수지부 공로상, 화순문학상을 수상했고, 시집 『완도 가는 길』과 『동촌의 향기』를 펴냈다. 최경자 교장선생님은 문학인이기 이전에 교육자로서, 교육 현장에서 반평생을 후학들을 위해 헌신하셨다.

선생님의 시는 극히 서정적인 세계를 보여준다. 그리움과 사랑이라는 인간의 원초적 정서를 바탕으로, 자아와 세계 사이의 갈등과 고뇌를 통해 삶의 본질을 탐구하였다. 언어의 함축과 운율을 살려 형상화하는 데 힘쓰셨고, 투명한 이미지와 직관적 감각을 바탕으로 진솔하고 깨끗한 작품을 남기셨다. 이로써 독자와의 공감대를 형성하며, 소박하고 따스한 서민성에 대한 애착을 드러냈다는 평가를 받는다.

선생님 생전의 마지막 시집『동촌의 향기』에는 원숙한 원로 시인으로서의 모든 체취가 배어 있다. 비록 일본에서 태어났지만, 유년을 보낸 고향 같은 여수 '동촌' 마을(지금의 여수시 여서동)에 대한 그리움과 간절함이 향기로 되살아난다. 어린 시절 고샅을 누비던 동촌 마을은 이제 흔적도 없이 사라졌지만, 선생님 마음속에만 남은 고향 풍경을 그리워하며 느꼈을 향수는 참으로 쓸쓸했을 것이다.

나는 생각해 본다. 43년간 학생들에게 시인으로서의 문학적 열정을 모두 쏟아부을 정도로 삶을 오직 문학에 바친 선생님의 숭고한 생애를. 노년에 마지막으로 펴낸『동촌의 향기』를 통해, 마음속에만 깃들었던 고향을 찾아가던 그 간절한 열망을. 선생님과 함께했던 운산 시비 공원에 홀로 서서 선생님을 그리워한다.

참된 우정

좋은 친구와의 우정은 언제나 아름답다. 시대를 뛰어넘어 많은 사람에게 감동을 준다.

조선 시대 광해군 때 효자로 이름난 청년 나성룡이 교수형 선고를 받았다. 형 집행을 앞두고 연로한 부모님께 마지막 인사를 할 수 있게 해 달라고 간청했으나, 광해군은 허락하지 않았다.

그러나 나성룡의 벗 이대로가 광해군에게 자신이 친구의 귀환을 보증하겠다고 하며, 나성룡이 집에 다녀올 수 있게 해 달라고 청했다. 또한 나성룡이 돌아오지 않으면 자신이 교수형을 받겠다고 약속했다. 이에 광해군은 "그는 돌아오면 사형을 받는다. 설령 돌아오려 해도 늙은 부모가 놓아주겠느냐? 너는 만용을 부리고 있다"라고 말했다. 이대로는 물러서지 않고 "저는 나성룡의 친구가 되길 간절히 원했습니다. 제 목숨을 걸고 청하오니 허락해 주십시오"라고 간청했다.

마침내 광해군이 허락하자, 이대로는 기꺼이 감옥에 갇혀 친구의 귀환을 기다렸다. 사형 집행일이 밝았지만 나성룡은 돌아오지 않았다. 사람들은 이대로를 비웃었다. 교수대에 끌려 나와 목에

밧줄을 걸자, 이대로의 가족은 나성룡을 원망했다. 이대로는 친구를 욕하지 말라고 했다. 사형집행관이 형을 집행하려 할 때, 말을 탄 나성룡이 달려왔다. 그는 풍랑을 만나 겨우 목숨을 건진 탓에 늦었다고 해명하며, 이대로를 풀어 달라고 청했다.

두 친구는 부둥켜안았다. 나성룡은 "저세상에 가서도 친구를 잊지 않겠다"고 했고, 이대로는 "다음 세상에서도 우리는 반드시 친구가 될 것이다"라고 답했다. 이를 본 광해군은 "부럽구나. 내 모든 것을 내주고라도 너희들의 우정을 갖고 싶다"라며 두 사람을 방면하라고 명했다. 비록 죄를 지었지만, 두 사람이 보여 준 우정은 조선의 자랑이라며 치하했다.

물론 이 이야기는 고대 그리스의 우정 설화가 현지화된 것이지만, 본질은 시대가 바뀌어도 진정한 우정의 가치가 변하지 않는다는 점이다.

그렇다. 나에게도 매우 귀하고 소중한 친구가 있었다. 그의 이름은 백형종이다. 내 일생에서 가장 중요한, 하나뿐인 친구였다. 그는 가정환경이 나와 비슷했지만 공부는 훨씬 잘했다. 광주서중학교, 경기고등학교, 서울대학교, 미국 콜롬비아대학교 등 명문 학교를 나온 수재였다.

그 친구의 어머니도 매우 훌륭한 분이었다. 나의 어머니는 백형종 친구의 어머니의 아름다운 인품을 자주 이야기하셨다. 덕분에 나는 백형종에게 깊은 애정을 품었다. 그는 어린 시절부터 모범생이었으며, 늘 깍듯이 예의가 발랐다. 나를 위해서라면 무엇이든 아끼지 않는 따뜻한 사람이었다.

백형종은 미국에서 박사학위를 취득했다. 그 시절에는 국내 박사는 물론 미국 대학원의 박사도 무척 귀했다. 학업을 마치고 귀국한 그에게 전남대학교의 박 학장님이 부교수 자리를 제안했으나, 그는 집안일이 더 중요하다며 고사했다. 국립대 부교수는 아무나 되는 자리가 아니었기에 아쉬우면서도, 자신의 길을 택한 친구의 용기 있는 선택에 박수를 보냈다.

돌이켜보면, 사회적 명예보다 신념을 중시하는 미국의 자유로운 풍조가 그에게 영향을 주었을지도 모른다. 그는 학창 시절, 자신의 꿈을 이루기 위해 접시 닦기 등 여러 일을 하며 외로운 생활을 견뎌 냈다. 현실을 극복하고 삶을 개척한 그의 의지는 참으로 아름답다.

그가 내게 더욱 애틋한 이유는 나의 대부(代父)이기 때문이다. 나는 일찍이 가톨릭 신앙생활을 하며 하느님의 복음을 양식 삼아 바른 인성을 지키려 노력했다. 흠결 없는 인품을 지닌 백형종은 내 신앙의 증인이 되어 주었다. 나는 그를 통해 더욱 성숙한 인간으로 성장하고자 애썼다.

하지만 그는 너무 일찍 하느님 품으로 떠났다. 나의 삶의 증인이 되어 주겠다던 그가 없는 세상은 무척 쓸쓸하다. 어려울 때 속마음을 털어놓곤 했지만, 이제는 허전함만 남았다. 그가 그리울 때마다 그의 영혼을 위해 마음속으로 기도드리는 것이, 이승에 남은 내가 할 수 있는 일이다.

그가 떠나기 전 "세상에 큰일을 하나 하고 싶다"던 약속을 지키지 못한 채 먼저 길을 떠난 그를, 오늘도 나는 간절하게 그리워한다.

후회와 반성

인간의 삶은 언제나 후회와 성찰의 연속이다. 그래서 신앙생활을 하며 기도를 통해 자신의 잘못을 고백하고 다시 바른 인간의 길을 가고자 한다. 인간은 절대자, 즉 신적(神的) 존재에 대한 믿음에 의지하기 마련이다. 신앙이 없는 사람은 옛 성현이나 위인들의 삶을 본받아 인간적인 위의(威儀)를 지키고자 부단히 반성하며 마음을 가다듬는다.

우리는 살아가면서 읽은 책들을 통해 인간 존재에 대한 사색과 실존 방식에 대한 깨달음을 얻고, 끊임없이 자신을 되비추며 인간의 길을 걸으려 한다. 옛 선비들은 사군자라 불리는 매·난·국·죽을 인간이 본받아야 할 군자의 표본으로 삼았다. 추운 겨울에 꽃을 피우는 매화, 늦가을이나 초겨울에 꽃을 올려 향기를 내뿜는 국화, 기품 있는 자태로 고고한 향기를 지닌 난초, 그리고 속이 비어 있으면서도 곧게 하늘로 치솟는 대나무를 즐겨 그리고 글로 썼다. 이 네 식물의 생태적 특징을 본받아 인간답게 살아가고자 함이다.

우리는 언론을 통해 죄를 짓고 재판을 받거나 감옥에 가는 사람들을 자주 본다. 물질적 욕심과 음흉한 욕망을 채우기 위해 남을

속이거나 심지어 살인을 저지른 이들도, 대부분 결국 자신의 잘못을 뉘우친다. 이러한 현상을 성선설에 기반해 설명하는 사람들도 있는데, 그에 따르면 인간은 태어날 때 본래 선했지만 주변 환경과 상황에 따라 죄를 짓게 되며, 죄를 지은 사람들에게는 다시 본래의 착한 상태로 돌아가려는 복원력이 작동한다고 본다.

큰 잘못이 아니더라도 우리는 끊임없이 통회하며 올바르게 살고자 노력한다. 누군가에게 양심을 속이거나 거짓말을 하면 무엇보다 자신이 괴롭다. 마음속 깊은 곳에 양심이라는 나침반이 있기 때문이다. 이 나침반 덕분에 우리 사회는 제대로 작동하고 더 나은 세상으로 나아갈 수 있다.

나는 일찍이 가톨릭 신앙인으로서 기도를 생활화해 왔다. 사회적으로 죄를 짓지는 않았지만, 인간의 도리를 다하기 위해 마음을 수양한다. 앞에서 밝혔듯, 사소한 잘못이라도 하느님께 고백하며 죄 사함을 기도드린다.

기독교에는 십계명이라 불리는 계율이 있다. 이는 하느님이 시나이산에서 모세를 통해 이스라엘 백성에게 내린 열 가지 계율로, 유대교와 기독교의 근본 가르침이다. 십계명을 지킴으로써 죄 없이 살 수 있기에, 기독교인은 늘 마음속으로 이 계율을 지키려 신실한 신앙생활을 이어 간다.

그러나 인간은 미약한 존재이기에 누구나 잘못을 저지른다. 젊은 시절에는 그것이 잘못인지조차 모른 채 지나가지만, 나이가 들어 가면서 삶의 본질을 절실히 깨닫게 되는 경우가 많다. 나 역시 젊은 날 철없던 패기로 저지른 여러 잘못이 후회되고 반성한다. 특히 아버지께서 물려주신 제약회사를 지키지 못한 데 대한 회한이 크다. 또한 아내와 아들딸에게 더 잘해 주지 못한 것도 미안할 따름이다. 다시 예전으로 돌아갈 수 있다면, 아내와 자녀들에게 더 많은 아름다운 추억을 남기고 싶다. 지금부터라도 최선을 다해 진심을 전하려 한다.

고희를 맞아 인생의 황혼으로 걸어가면서, 이제야 비로소 자신을 세우는 길을 조금 깨달아 가는 듯하다. 새롭게 삶을 시작한다는 마음으로 부질없는 욕망을 버리고, 가능한 최선의 환경에서 사회에 유익한 일을 찾아 봉사하며 헌신하고자 한다.

내게 어느 정도의 능력이 있는지는 잘 알지 못하지만, 하느님의 도구로 써 주시기를 날마다 기도한다.

나의 삶 나의 인생

PART + 03

나의 꿈 운산

나의 꿈 운산(雲山)

사람과 동물의 차이는 여러 가지가 있다. 가장 눈에 띄는 차이는 사람은 두 발로 서서 걷고, 동물은 네 발로 걷는 신체적인 특징이 있지만, 보다 근본적인 차이가 있다. 사람은 농사를 지어 식량을 마련하거나 직장에서 일을 하여 그 대가로 생계를 이어가지만, 동물은 풀을 뜯거나 사냥을 통해 생존한다. 즉, 자연 속에 있는 것을 탈취하여 생명을 유지한다.

사람은 농경사회를 거쳐 산업사회에 이르러 기계를 발명하고 공장에서 물건을 생산하며, 철도와 고속도로를 만들어 문명사회를 건설하고 역사를 이끌어왔다. 반면, 동물은 지금도 여전히 원시적인 방식과 본능으로 살아가고 있다.

사람과 동물의 보다 본질적인 차이는, 사람은 스스로 하고 싶은 일을 성취하고자 하는 '꿈'을 가진다는 데 있다. 나 역시 나이가 들어가며 이루고 싶은 꿈이 있다. 물론 지금은 나이와 능력의 한계로 모든 꿈을 다 이룰 수는 없지만, 그럼에도 반드시 이루고 싶은 몇 가지 꿈이 있다.

첫째는 나 자신을 위한 일, 곧 신실한 종교생활을 실천하는 것이다. 오랜 세월 가톨릭 신자로 살아왔지만, 요즘 들어 더욱 하느님 가까이 다가가 하느님을 닮은 사람이 되고 싶은 열망이 간절해졌다.

나는 일찍이 가톨릭에 귀의하여, 1993년에는 한국가톨릭실업인중앙회 부회장을 역임했다. 한국가톨릭실업인회는 "가톨릭 신심에 입각하여 신앙증진을 위한 사업을 연구, 실천하여 가톨릭 실업인에게 맡겨진 선교사업을 완수"하기 위해 1978년 7월 24일 창립된 단체이다. 국내 실업인 간의 친선을 도모하고, 복음화 사업을 지원하며, 신앙 증진을 위한 다양한 연구 활동을 펼치는 것이 주요 목적이다.

젊은 시절에는 신앙과 관련된 외적인 활동에 힘썼지만, 이제는 내면적으로 신앙을 더욱 깊이 다지고자 한다.

둘째는, 인간을 위해 가치 있는 일을 해보고 싶다는 것이다. 그중에서도 사람들의 병을 고쳐주는 일이다. 나는 운명적으로 약사의 길을 걷게 되었다. 약을 다루는 일을 하면서, 선대의 뜻을 이어 대성약국을 운영해왔다. 이곳은 단순한 약국이 아니라 가업이자, 나에게는 생명을 돌보는 사명이기도 하다.

더불어 산약재를 활용하여 몸에 이로운 식품을 개발함으로써 사람들의 건강에 도움을 주고 싶다. 이 꿈을 이루기 위해 오래전부터 전남 화순군 남면의 운산에 약재가 되는 나무들을 직접 심어왔다. 여성들이 겪는 골다공증, 탈모, 조기 폐경과 같은 건강 문제를 완화할 수 있는 식품을 만들고자 한다. 이를 위해 일찍이 한약조제 자격증을 취득한 일은 지금 생각해도 참 다행스러운 일이다. 이러한 일들은 일찌기 아버지께서 내게 약업과 식품업을 권장한 일이

기도 하다.

이 꿈을 실현하기 위해 나는 운산에 임도(林道)를 내고, 회화나무를 비롯해 인삼 등 몸에 좋은 약재들을 직접 심고 가꾸어왔다. 또 오랜 시간 한약에 관한 공부도 병행했다. 비록 이 꿈이 언제 실현될지는 알 수 없지만, 병든 사람들에게 도움이 되는 한약재와 식품을 개발하여, 보다 의미 있는 삶을 살기 위해 준비해 왔다.

그리고 나는 이 운산을 단지 약초의 공간으로만 두지 않고, 인문적 가치가 있는 동산으로 만들고자 한다. 그래서 오래 전부터 우리나라의 이름 있는 시인들의 시비(詩碑)를 하나하나 세워 왔다. 지금까지 운산에 총 123기의 시비를 세웠다.

운산 - 무릉도원, 또는 에덴동산

나는 일찍이 자연친화적인 삶을 살고 싶었다. 그래서였을까? 나의 아호 양산(陽山)의 의미가 '볕이 드는 산'이라고 하는 것과 무관하지 않다. 볕이 드는 산은 온갖 나무와 풀들이 자라기 좋은 것이기 때문이다. 아버지께서 지어주신 나의 이름 동림(東林)도 그렇다. '동쪽의 수풀'이라는 뜻이니 내 이름은 마치 예언이라도 하듯 내가 사는 광주의 동녘에 '운산(雲山)'이 있다. '구름이 머무는 산'을 의미하는 화순군 남면에 내가 소유하고 있는 산은 '운산'이라는 이름처럼 자연의 보고이다. 봄이 되면 여러 가지 꽃들이 만발하여 옛 선비들이 그렸던 산수도 속의 무릉도원이 된다.

이렇듯 나는 태어나기 전부터 자연을 품고, 그것들을 향유하는 운명이 아닐까 생각해 본다. 자연의 품에 안기면 도시 생활에서의 번잡함이 사라지고 마음 속에 평화가 깃든다.

나는 운산에 다양한 약재를 해마다 식재하였다. 그리고 그곳에 시비(詩碑)를 비롯한 석조 조형물을 세워 이른바 '평화문화자연휴양림'을 오래 조성해 왔다. 자동차로도 산 정상에까지 오르도록 한 것이다. 임도를 뚫으면서 여러 차례 응급실에 실려갔다.

운산에는 산약초 농원과 여러 가지 조형물들 등 두 가지 주제로 구성되어 있다. <산약초 농원>으로 이름하여 진행되고 있는 사업은 각종 암으로 고통받는 사람들과 여성골다공증, 탈모, 폐경기 연장 등을 치유할 수 있는 기능성 식품을 만들기 위한 것이고, 운산 곳곳의 조형물들을 어린 아이에서부터 일반인들에게 이르기까지 인문학적 소양을 기를 수 있고 함양할 수 있는, 다양한 컨셉으로 조성하고 있다.

어린이들에게 꿈과 환타지의 상상력을 제공하는 미키마우스, 뽀로로, 포비, 크롱, 티니핑, 노널드 덕, 패티, 개구리, 곤충을 비롯한 캐릭터들을 돌에 채색으로 새기기도 하고, '자유를 찾아가는 영웅들의 길'에서는 나라의 독립을 외치다가 감옥에서 순국한 유관순 여사, 일제강점기에 어린이들에게 꿈과 희망을 노래한 소파 방정환 선생, 한국근현대사에서 가난을 물리치고 경제대국에 들어서게 한 정주영 회장 등을 비롯한 이병철, 김우중 회장 등 여러 재계 인사들, 대중가요를 통해 국민들에게 즐거움을 주고 있는 임영웅·김연자·홍가인·주현미·남진 등 여러 가수들, 노벨문학상을 수상한 한강 소설가. 세계적인 오페라가수 조수미, 양궁으로 세계를 제패한 우리나라 양궁 선수들, 현모양처의 모범을 보인 이율곡 선생의 어머니 신사임당, 맹모삼천지교를 실천하여 천하의 명필을 길러낸 한석봉의 어머니 등이 새겨진 빗돌이 있다.

아이들에게 맑은 영혼과 상상력을 제공하기 위해서 이효선의 동시 「꽃밭에서」, 문명호의 「바다」 시비도 한편에 세웠다. 뿐만 아니라 우리 민족의 국조이신 단군을 비롯해 역대 대통령들인 이승만·윤보선·박정희·최규하·노태우·김영삼·김대중·노무현·이명박·박근

혜·문재인·윤석열 대통령의 얼굴도 빗돌에 새겨 넣어 건국에서부터 현재에 이르는 대통령이 누구인지도 쉽게 알 수 있도록 하였다.

또 운산 한편에는 우리나라의 성씨들의 시조도 김해김씨 시조 김수로를 비롯해 경주김씨 이알평 등 80명의 시조들의 상을 새겨 자신의 시조가 누구이며 현재 후손들이 얼마인지를 전하고 있다.

그리고 동아시아의 율력 체계에서 사용되는 상징적인 동물 12가지를 새긴 빗돌도 한편에 자리잡고 있다. 예로부터 우리에게 매우 친근한 동물로 각각 시간을 의미한다. 쥐·소·호랑이·토끼·용·뱀·말·양·원숭이·닭·개·돼지를 새긴 빗돌이 운산의 수호신처럼 함께 하고 있다.

그러고 보면 화순 운산은 우리나라를 빛낸 수많은 역사인물들이 함께 하고 있는 교육의 장이라고 할 수 있다. 흔히 예로부터 산에는 그 산을 지키는 수호신들이 있다고 하는데, 운산에는 건국 초기부터 현재에 이르기까지 우리 역사를 빛낸 위인들이 사는 신령스러운 산이라고 할 수 있다. 우리나라는 물론 세계 어디를 가도 그 나라와 민족을 대표하는 산은 없을 것이다. 그러므로 나는 운산에 오면 마음이 든든하고 충만해진다. 운산에 우리 역사를 한꺼번에 조망할 수 있게 하기까지는 오랜 시간이 걸렸다. 특히 돌에 얼굴과 글자를 새기는 일은 쉽지 않았고, 자금도 많이 들었다. 그리고 산 정상에까지 그 돌들을 옮겨 자리잡게 하기까지는 무척 힘들었다. 산 곳곳에 터를 잡고 빗돌을 세우기 위해 임도(林道)를 내야 했다. 많은 인부들의 공력이 필요했고, 일일이 비가 설 자리를 정해주어야 했기 때문에 빗돌 하나하나에 나의 생각이 깃들어 있다.

특히 임도를 내는 일은 쉽지 않았다. 추운 날 더운 날을 가리지 않고 인부들을 독려하며 임도를 내다가 건강을 다치기도 하였다. 너무 무리하게 일을 하다보니 쓰러져 수없이 응급실에 실려가야 했다. 사실 생각해보면 내가 추진하는 이러한 사업은 경제적으로 손실만 가는 것으로 단 한푼의 소득이 없다. 그럼에도 나는 공익적 차원에서 많은 사람들에게 꿈과 메시지를 주고 싶은 마음 뿐이다.

나에게 운산은 '무릉도원'이다. 아직 완성에는 이르지 않아 세상의 한켠에서 물러선 산중이지만, 나만의 '에덴동산'이기를 바라며 나의 생각들을 운산에 심고 있다. 아니, 나만의 무릉도원이거나 에덴동산이 아니다. 많은 사람들이 이 산에 와서 인문학적 소양을 넓히고, 꿈을 꾸기를 진심으로 소망한다.

■ 대성산약초농원 입구

■ 어린이를 위한 각종 캐릭터

■ 어린이를 위한 각종 캐릭터

■ 역사를 빛낸 인물

기품을 지키되 사치하지 말고
지성을 갖추되 자랑하지 말라
현모양처의상징 신사임당

柳寬順
"나라에 바칠 목숨이 하나밖에 없는
것만이 이 소녀의 유일한 슬픔이다"
유관순 열사

"어린이는 기쁨으로 살고
기쁨으로 놀고 기쁨으로 커간다"
어린이의 벗 소파 방정환

시련은 있어도
실패는 없다 정주영

위기는 발전의 기회다
호암 이병철

THE 2024
NOBEL PRIZE
IN LITERATURE
소설가 한강
2024년 노벨문학상

■ 역사를 빛낸 인물(역대 대통령)

■ 역사를 빛낸 인물(역대 대통령)

■ 우리 민족의 시조 단군과 성씨 시조

■ 예수님의 고난의 길 14처와 제자들

세상에서 가장 소중하고 행복한 나만의 공간

화순 남면의 운산은 내가 오랫동안 꿈을 실천한 현장이며 놀이터, 그리고 심신을 수양하는 기도처이다. 운산의 한 봉우리에 기도처와 휴게 공간을 마련하여 혼자 차를 타고 와 기도하거나 휴식을 취하고 돌아간다. 그곳은 지대가 높아 멀리 모후산이 선명하게 보이고 사방팔방이 훤히 트여 마음을 가다듬게 해준다. 이곳에는 마당격인 터에 예수님과

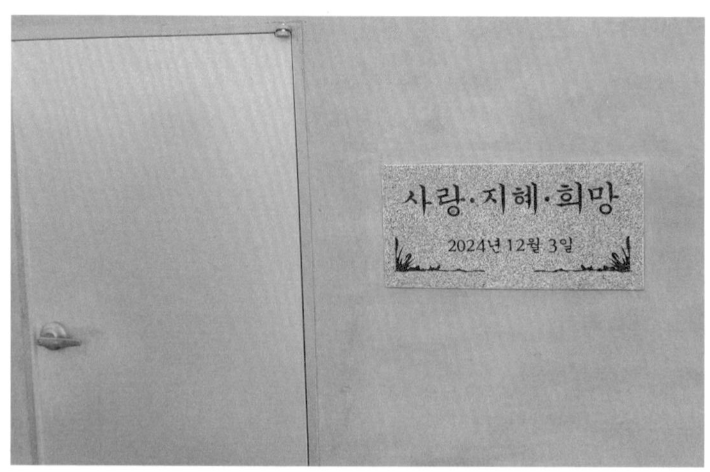
사랑·지혜·희망
2024년 12월 3일

열두 제자의 모습, 그리고 요한바오로 2세 교황, 데레사 수녀, 김대건 신부, 윤공희 대주교님의 얼굴이 새겨진 돌판이 세워져 있어 내 영혼을 맑게 해주고 평안과 안식을 갖게 한다. 예수님 상이 그려진 돌판 아래에는, "나, 여기 있노라! 좋은 세상 꿈꾸며 주님 곁에 영원하리라." "좋은 일이란! 왼손이 하는 일을 오른손도 모르게 하는 것"이라고 새긴 문구가 있다. 나의 소망과 염원을 표현한 것들이다.

그리고 예수님의 고난과 죽음을 형상화한 '십자가의 길 14처'가 새겨진 빗돌이 있다. 십자가형을 선고받은 제1처에서부터 기꺼이 순수한 순명에 따르기 위해 십자가를 지심의 2처, 십자가 삶의 버거로움에 무너지는 좌절의 첫 번째 넘어지심의 3처, 십자가 길에서 어머니, 시몬 형제, 베로니카 자매를 만나심, 좌절과 고난 속에서 부모의 헌신, 형제적 도움, 자매적 위로를 통하여 어른으로서의 사랑의 성장을 의미하는 4,5,6처, 그리고 생의 버거움으로 다시 넘어지심을 의미하는 7처, 부인들을 위로하심의 8처, 그럼에도 불구하고 버거움에 다시 무너지는 세 번째 넘어지심의 9처, 옷 벗김 당하심, 십자가에 못박히심, 죽으심, 십자가에서 내려지심, 무덤에 묻히심을 차례대로 나타낸 10,11,12,13,14처 등이 새겨진 돌판이 마치 골고타 언덕처럼 산비탈을 오르며 서 있다.

나는 '십자가의 길 14처'를 걸으며 예수님의 고난과 우리의 죄를 대신하여 죽으신 깊은 사랑을 묵상한다. 살아가면서 마음이 심란할 때나 괴로울 때 이 길을 걸어가면 모든 시름이 사라지고 인간의 고뇌가 털끝만큼도 못하게 느껴진다.

14처를 지나 기도처에 이르면 하늘로 곧게 선 소나무 곁에 "여보게, 이 사람아, 그 많은 돈을 벌어 어디에다 쓰려고 그리도 바삐 사는가. 죽으면 땡전 한 푼도 가져가지 못할 것, 재미있게 좋은 일에나 쓰고 가소."라는 글이 돌에 새겨져 있다. 인간은 빈 손으로 왔다가 빈 손으로 돌아가는 존재이거늘 덧없는 인생에 대한 나의 마음을 새긴 것이다.

기도처이자 휴게 공간이 있는 작은 건물 입구엔 '사랑' '지혜' '희망'이라는 글씨가 써져 있다. 문을 열면 아담한 황토방이 있다. 겨우 침대 하나 들어간 이 작은 곳 벽면을 가득 채운 십자가가 있고 작은 책상 위에 성경책, 성모님 상이 있다. 나는 아주 작은 공간이지만 이곳을 너무나도 소중하게 생각한다. 오직 나만의 장소이다. 십자가 앞에서 묵상하고 기도하며 하느님과 내밀한 대화를 할 수 있기 때문이다.

하늘과 가장 가까운 이곳에서 두세 시간씩 머물며 음악을 듣기도 하는 이곳은 기도처이기도 하지만 혼자만이 시간을 보내는 휴식처이기도 하다. 하느님과 함께 하는 이 곳에서 나의 영혼은 더욱 풍요로워지고 심신이 안정을 되찾는 에너지 충전소 역할을 톡톡히 하고 있으니 나는 참으로 행복한 사람이라고 할 수 있다.

이 작은 공간에서 나는 가톨릭 신앙인으로서의 신앙을 깊이 앙양시키기 위해 나의 시집 『스쳐지난 젊음 속으로』에 수록된 시 「기도·1」를 읽는다.

주여,
나 당신을 사랑합니다.
내 마음 아름답게 하소서

감사와 감동의 눈물로
터질듯한 이 마음
당신의 촛불로 태워 주소서
어둠과 밝음 속을
마냥 오가는 당신의
종이옵니다
서있는 듯 넘어지고
웃는 듯 눈물지는
나의 볼을 만져봅니다.
현실과 이상 사이가
나,
그 둘을
함께 갖고 싶사오니
주여 나를 도와 주소서.

- 최동림, 「기도·1」 전문

이 작품은 내가 주님에게 바치는 기도문으로 신앙고백이기도 하다. 언제나 내가 사모하는 주님을 사랑하고 있음을 고백하며 나의 소망을 들어주시기를 간절하게 기도한다. "내 마음 아름답게 하소서/감사와 감동의 눈물로/터질듯한 이 마음/당신의 촛불로 태워 주소서"라고 진심어린 마음을 바친다. 그리고 "어둠과 밝음 속을/마냥 오가는 당신의/종이옵니다"라고 무릎을 꿇는다. 그리고 이 세상에서 "서있는 듯 넘어지고/웃는 듯 눈물지는" 나의 현실을 밝히고, "현실과 이상 사이가/나,/그 둘을/함께 갖고 싶사오니/주여 나를 도와 주소서."라고 현실과 이상의 괴리에서 오는 절망과 좌절을 극복해 주시기를 소원한다.

우리는 살아가면서 가장 중요한 것을 잊고 살아간다. 신앙도 마찬가지여서 그럴 때마다 통회하고 성찰하며 다시 마음을 추스린다.

「기도·2」는 이러한 나의 마음을 노래한 기도이다.

아, 새로운 한줄기 햇살이여
당신은 이제야 나에게 가까이 다가왔나이까
인생의 긴 항로에서 당신을 만나는 요즘
기쁨과 희망에 다시 타오르는 나의 열정에
감사와 감동에 밝음을 향하고 있습니다.
옛적 아주 어린 시절에도 당신은 나에게
나도 모르게 늘 항상 함께 하셨는데
흐름의 삶속에서 잃어버렸던 당신을
먼 훗날
오늘에서야 다시는 잃어버릴 수 없다고
굳세게 다지며
뒤늦은 지금
당신을 되찾는 기쁨에 축복과 영광이
사랑의 물결 속에 오랫동안 머무를 수 있도록
주여,
한평생 붙잡아 주소서.

- 최동림, 「기도·2」 전문

"아, 새로운 한줄기 햇살이여"라고 주님을 만나 주님 안에서 살아가는 나의 기쁨을 나는 늘 새롭게 느낀다. 그러므로 "당신은 이제야 나에게 가까이 다가왔나이까"라고 행복한 마음으로 주님께 한발짝 더 다가간 것을 축복으로 여긴다. 주님을 영접하지 못했다면 나는 여전히 긴 어둠의 터널을 걸어가는 인생이었을 것이다. 이러한 기쁨을 나는 "인생의 긴 항로에서 당신을 만나는 요즘/기쁨과 희망에 다시 다오르는 나의 열정"을 감사와 감동의 시간으로 승화하고 있다.

앞에서 밝혔듯이 "옛적 아주 어린 시절에도" 주님은 나와 함께 하셨는데, "흐름의 삶속에서 잃어버렸던 당신"을 다시 만나 뒤늦게 당신을 되찾는 기쁨에 축복과 영광이/사랑의 물결 속에 오랫동안 머무를 수 있도록" "한평생 붙잡아 주소서."라고 간절하게 기도하는 나날이다.

이처럼 운산 기도처에서 기도를 하면 세속에서 묻은 마음의 티끌을 헹구는 듯한, 즉 다시 영세를 받은 듯 정화되어 나는 다시 태어나는 듯하여 행복하다.

문학을 사랑하며

■ 최동림 시집 『스쳐지난 젊음 속으로』

인간의 감정을 드러내는 방식은 다양하다. 그 중에서도 예술은 품격 있는 언어 표현 수단으로, 감성을 세련되게 형상화하는 데 적합하다. 문학을 비롯해 미술, 음악, 무용, 연극 등 여러 예술 장르가 이에 해당한다. 특히 문학은 모든 예술의 근원이자 바탕이 된다.

나는 어릴 적부터 낙서를 좋아했다. 마음속에서 일렁이는 감정을 아무 생각 없이 끄적이는 버릇이 있었다. 훗날 고통스럽고 잠 못 이루던 밤마다 써두었던 글들을 모아 한 권의 책으로 엮었다. 『스쳐지난 젊음 속으로』가 바로 그것이다. 1992년, 마흔세 살이 되던 해 친구의 권유로 펴낸 이 시집은 형식도 꾸밈도 없는 글 모음집이다. 많은 글 가운데 몇 편을 골라 자녀들에게 선물하고자 엮은 결과물이기도 하다. 이 시집에는 그 동안 쓴 작품들 중에서 고른 15편의 시가 수록되어 있다.

나는 평소 '글'은 곧 글쓴이 자신이라고 생각해 왔다. 자신이 내뱉은 언어는 평소의 생각들이기 때문이다. 한 사람의 인격, 그가 읽은 책, 배운 지식, 형성된 성품과 세계관은 고스란히 언어를 통해 드러난다. 그러므로 일상에서 말이나 글로 표현할 때, 언어를 조심스럽게 가려 써야 하고 행동 역시 신중해야 한다고 믿는다.

내가 펴낸 시집에는 친구와의 우정, 사랑하는 이에게 품은 따뜻한 감정, 삶에 대한 깊은 성찰, 내가 믿는 주님에 대한 신앙고백, 그리고 살아가며 겪은 여러 감정들이 담겨 있다. 이 글들에는 나의 정신세계와 그리움의 정서가 배어 있다.

나는 이 글들을 누군가에게 자랑하기 위해 쓴 것이 아니다. 그렇다고 아무렇게나 쓰지도 않았다. 글을 쓰다 보면 자연스럽게 마음이 드러나기 마련인데, 나는 그것이 두렵다. 그래서 글을 쓰는 일이 언제나 조심스럽고 망설여진다. 때로는 혼자 괴로워하고, 그리워하고, 기도하는 마음으로, 스스로에게 부끄럽지 않도록 쓰려고 노력한다.

결국 나의 글은 나 자신에게 하는 다짐이며 성찰이다. 그리고 간절히 바라건대, 그것이 하나의 기도가 되기를 소망한다.

부끄럽지만 대성약국 벽 한 면에 새겨진 「그리움」이라는 작품을 들여다 본다.

한 생명체로 태어나
사랑할 수 있는 사람이 있다는 것이
얼마나 좋은지 몰라
항상 생각하고픈, 그리움이여……
세월이 흘러 지나간다 해도
그대는 항상 내 사랑
스쳐지나간
바람소리로 전해오는 소식도
따스한 햇살로
내 숨쉬는 생활도
그대 있음에 나는 기뻐할 수 있노라.
세월이 흘러 지나간다 해도
그대는 항상 내 사람이어라.

- 최동림 「그리움」

이 시는 내가 특히 아끼는 작품이다. 본래는 사랑하는 아내에 대한 나의 마음을 노래한 것이지만, 다양한 해석이 가능한 시이기도 하다. 이 세상에 하나의 생명체로 태어났다는 것만으로도 기적 같은 일이다. 특히 사람으로 태어나 사랑할 수 있는 존재를 만났다는 것은 참으로 큰 행복이다. 그래서 늘 사랑하는 사람을 떠올리거나, 곁에 있어도 그리워하는 마음은 내게 즐거움이 된다. 세월이 흘러도 그 사람은 여전히 나의 사랑으로 남아 있고, 나는 그 사랑이 있음으로 하여 날마다 숨 쉬며 살아갈 수 있다.

이 작품은 다른 방식으로도 해석될 수 있다. 시는 조각작품처럼 바라보는 시선에 따라 다양한 의미를 드러내기 마련이다. 내가 이 세상에 태어나 존경하거나, 깊은 우정으로 맺어진 사람들에 대한 그리움으로도 읽힐 수 있다. 이처럼 내가 사랑하고 그리워하는 사람들이 곁에 있거나 가까이 있다는 사실이, 내게는 세상을 살아가는 큰 즐거움이 된다. 나는 이러한 마음을 「그리움」이라는 시를 통해 노래하였다.

나는 시집 『스쳐지난 젊음 속으로』에서 '삶'에 대한 사색을 담은 작품들을 실었다. 마흔 전후의 젊은 시절에 쓴 이 시들은, 성찰을 바탕으로 더 나은 인생을 향해 나아가려는 내 모습이 드러나 있다고 생각한다.

지금 다시 읽어보면 참으로 부끄럽지만, 젊은 날의 내 영혼을 다시 만나는 듯하여 통독해 본다.

그렇게도 무던히 괴로워 울던 나의 삶이여
지금, 여기 한줌 흙 되어
어스름 달빛 속에
외로이 잠들어 있네
젊음이여,
삶이여,
나 지금 저승 아닌 이승에
살아 있다면
후회도 뉘우침도 없는
맑은 영혼으로

사람들을 위해 벗들을 위해
아주 작은 보람 하나
만들고 싶어라.
오 나의 육신이여 삶이여……
너무나도 아쉽고 서운토다
수많은 번민과 이기의 사슬이여
잃어버린 나를 위해
나 지금 울고 있노라
영혼이여,
흘러간 시간이여,
욕과 허황된 욕망 속에
갇혀 있던 나의 날들이여,
허상 속에 숨쉬던 내 모습
뒤늦은 아픔이
나를 괴롭힌다 해도
나 지금
자유인이고
싶어라.
오 나의 삶이여.

- 최동림 「삶 1」

어느 날 문득, 이승을 떠난 나 자신을 떠올려보았다. 누구든지 생로병사의 섭리에 따라 세상을 떠나기 마련이다. 나 역시 내가 의지하고 믿는 하느님 곁으로 가야 할 운명이다. "지금, 여기 한줌 흙되어/ 어스름 달빛 속에/ 외로이 잠들어 있"는 나의 무덤을 바라보며, "그렇게도 무던히 괴로워 울던 나의 삶"을 떠올리면, 지난 이승에서의 삶이 후회로 다가올 것 같은 심정을 표현하였다.

그래서 "나 지금 저승 아닌 이승에/ 살아 있다면/ 후회도 뉘우침도 없는/ 맑은 영혼으로" 다시 살아갈 수 있을 것 같을 것이다. "사람들을 위해 벗들을 위해/ 아주 작은 보람 하나/ 만들고 싶"다는 생각이 마음 깊이 일었다. 하지만 이미 나는 저승에 있기에, "너무나도 아쉽고 서운토다"고 절규할 수밖에 없을 것이다. 그러므로 "수많은 번민과 이기의 사슬"로 인해 "잃어버린 나를 위해/ 나 지금 울고 있노라"는 후회와 성찰의 말이 절로 나온다.

지난날을 되돌아보니, 나의 삶은 "욕과 허황된 욕망 속에/ 갇혀 있던 나의 날들"과 "허상 속에 숨쉬던 내 모습"으로 가득 차 있었고, 그런 기억들이 뒤늦은 후회가 되어 나를 괴롭히고 아프게 한다.

물론 이 모든 것은 현실이 아닌 꿈속의 일이었을지도 모른다. 그러나 그것은 문득 나 자신을 되돌아보게 하는 계기가 되었다. 그런 까닭에 나는 앞으로의 삶을 후회하지 않기 위해, 그리고 타인을 위해 무언가를 헌신하며 살아가야겠다는 다짐을 하게 되었다.

세상이 온통 나를 행복한 사람처럼 볼지라도
미소 속에 어둠 깔려있네
즐거움.
그리고, 후회 속에 흘러간 시간들이여,
하고픈 일 많았는데
물결은 자꾸만 다른데로

흘러가는 아픔 속에
술을 청하는 시간만 늘어가는구나
의지력과 지혜에 지쳐버린
잠들고 있는 조그마한 삶이여,
무엇을 위하여 그렇게도 울고있는 것인지……

- 최동림 「삶 2」

이 작품 역시 나의 삶을 고스란히 형상화한 것이다. 부잣집의 큰 아들로 태어나 살아가고 있는 내 모습을 두고, "세상이 온통 나를 행복한 사람처럼 볼" 것이라는 생각이 들곤 했다. 그러나 실상 나의 "미소 속에 어둠 깔려있"었다. 즐거움 뒤에 찾아오는 후회 속에서 흘러간 시간들을 되돌아보며, 나는 "하고픈 일 많았는데/ 물결은 자꾸만 다른데로/ 흘러가는 아픔"을 겪었다.

"술을 청하는 시간만 늘어가"고, "의지력과 지혜에 지쳐버린/ 잠들고 있는 조그마한 삶"으로 변해버린 나날 속에서 나는 괴로움을 느꼈다. 그래서 "무엇을 위하여 그렇게도 울고 있는 것인지" 스스로에게 묻고 또 물었다. 삶이란 언제나 어긋나고 뜻대로 흘러가지 않는 법이지만, 내게 그것은 고통스럽고 절망적인 시간의 연속이었다.

「삶 3」에서는 내가 이승을 떠나는 날을 떠올려보았다.

어느날 갑자기
파란하늘 맑기도 한데

흰 옷자락 아이들의 울음소리에
제마다 각각의 생각들이
마지막 공기와 접촉을 끝낸 채
한줌 본래의 모습대로 돌아가는
육신과 영혼의 닿음이여,
한 삽의 작업이 시작될 때마다
인생의 많은 고뇌
얽혀져 있는 생각들이
사람들은 다르지만 같은
통곡소리로 일치되는 순간이여,
아- 인생이여,
한 생의 마지막 순간이여,
모두들 남의 일처럼 바라보지만
파란 하늘이
노을 되어가는구나.

- 최동림「삶 3」

"파란하늘 맑기"만 한 "어느날 갑자기", "흰 옷자락 아이들의 울음소리"가 망자의 죽음을 슬퍼할 때, 망자는 이승에서 "마지막 공기와 접촉을 끝낸 채/ 한줌 본래의 모습대로 돌아"간다.

묻힐 구덩이에 흙을 떠 붓는 일이 시작되면, 망자는 그 흙을 뜨는 삽질 소리마다 "인생의 많은 고뇌/ 얽혀져 있"다는 생각을 하게 될 것 같다. 사람마다 생각과 모습은 달라도, 망자의 영혼을 위로하며 슬퍼하는 그 순간, 즉 "통곡소리로 일치되는 순간"이야말로, 흙으로 돌아가는 시간이라는 사실을 모두가 깨닫게 될 것이다.

망자를 떠나보내는 이들은 슬픔에 잠겨 통곡하고, 그 소리는 하나로 모아진다. 반면, 죽은 자는 자신이 살아온 인생을 돌아보며 어떤 생각에 잠기게 될까, 나도 문득 그런 상상을 해보게 된다.

그렇기에 "한 생의 마지막 순간"을 바라보는 일은, 살아 있을 때 어떻게 살아가야 할지를 일깨워주는 계기가 된다. "모두들 남의 일처럼 바라보지만" 망자의 죽음은 결코 남의 일만은 아니다. 푸르던 하늘이 어느덧 저물어 황혼이 드리우는 것처럼, 그것이 자연의 섭리라 할지라도, 죽은 자는 자신의 삶을 돌아보며 후회할 것이다.

어설픈 나의 시를 스스로 해석해 본 위의 작품들 속에는, 내가 삶에서 마주한 다양한 감정들, 고뇌와 번민, 반성과 성찰의 모습이 그대로 드러나 있다.

「삶 4」에서도 나는 마치 "망막한 지평선" 위를 떠다니며 어디론가 흘러가는 "조그만 돛단배"처럼 느껴졌고, 그런 외로움 속에서 "존재의 역할"을 맡은 배우가 된 듯한 심정이 들었다. 그래서 "무단히 울부짖"고, "마냥 담배연기 속에 젖"는 날들이 이어지곤 했다.

그럼에도 나는 절망하거나 포기하지 않았다. "무한한 인간의 가능성"을 발견하고, "그것들을/ 가담듬기 위하여" 거센 파도 같은 인생의 길을 힘껏 노 저어 가자고 스스로 다짐하곤 했다.

내가 시를 쓰는 것은 자랑하기 위해서가 아니다. 나에게 시는 신앙과도 같은 것이다. 끊임없이 나를 채찍질하고 독려하는 하나의 수단이라 믿는다. 길을 걷다가 일이 잘 풀리지 않거나 마음이 편치 않을 때면 나는 사색에 잠긴다. 그리고 그 사색이 어느새 나를 이끄는 길이 되어준다. 그것이 바로 나의 시이다.

시의 세계를 거닐다

나는 오래 전부터 문학을 가까이 하여 시를 써왔다. 시를 통해 나와 세계, 그리고 나의 내면에 들끓는 생각과 정서를 글로 표현했다. 그러던 중 화순 남면의 운산에 우리 근현대 문학사를 빛낸 시인들과 현재 활동하고 있는 좋은 시인들의 시를 빗돌에 새겨 이른바 시비공원을 조성해 왔다. 오늘날 시인은 많아도 시가 일반 독자들에게 읽히지 않는 시대에 좋은 시를 접할 기회를 제공하는 일이 매우 유익할 것이라는 생각이 들었다. 그래서 최경자 시인의 자문으로 원고를 받아 시비를 운산 곳곳에 세우기 시작하였다. 이 작업은 쉬운 일이 아니었다. 원고를 받고 돌에 시를 새기는 일에서부터 커다랗고 무거운 시비를 길도 없는 산중에 옮겨 터를 잡고 시비를 세우기까지 엄청난 자본과 노동이 필요했다.

지금까지 운산 곳곳에 120여 기의 시비를 세우는 동안 수십 년의 세월이 흘러갔다. 그러는 사이 시비의 주인인 문병란·이성부를 비롯한 우리 지역 출신의 원로로부터 현역으로 활동하는 시인들을 초대하여 의미있는 행사도 치루었다.

숲속 여러 곳에 세워진 시비들은 우리 시문학사의 일면을 보는 듯했다. 광주 시내로부터 멀리 떨어진 운산은 유명 시인들의 시를 품고 있는 것만으로도 빛이 났다. 누가 산중에 내놓으라 하는 시인들의 시비공원이 이곳에 조성되어 있겠는가 생각이나 하겠는가. 자연과 인간의 맑은 영혼이 함께 하고 있는 것만으로도 내 마음은 어느새 시심에 젖게 된다. 나는 시간이 있을 때마다 일반 시민은 물론 시인들과 시비공원에서 시를 읽고 마음을 정화시키곤 한다. 내가 이 세상을 떠난 후에도 시비들은 남아 시인들과 나의 삶을 증거할 것이다.

늘 그랬던 것처럼 운산에 와서 시비를 통해 시인들을 만난다.

우리 근대문학사에서 현대시문학을 본 궤도에 올린 《시문학》을 창간한 용아 박용철의 「떠나가는 배」를 읽는다. 박용철은 광주로 편입된 송정리에서 1904년 출생하여 연희전문학교를 중퇴하였다. 강진 출신 영랑 김윤식과 함께 시문학파를 결성하여 활동한 시인이며 문학이론가로서 서구의 문학이론을 우리나라에 소개하여 한국시문학발전에 큰 공을 세웠다. 『용아시집』을 남겼는데 그의 대표작 「떠나가는 배」를 읽는다.

나두야 간다.
나의 이 젊은 나이를
눈물로야 보낼거냐.
나두야 간다

아늑한 이 항구인들 손쉽게 버릴거냐.
안개같이 물어린 눈에도 비치나니
골짜기마다 발에 익은 묏부리모양

주름살도 눈에 익으느 아, 사랑하던 사람들.

버리고 가는 이도 못 잊는 마음
쫓겨가는 마음인들 무어 다를거냐.
돌아다 보는 구름에는 바람이 해살짓는다.
앞 대일 언덕인들 미련이나 있을거냐.

나두야 가련다.
나의 이 젊은 나이를
눈물로야 보낼거냐
나두야 간다.

- 박용철, 「떠나가는 배」 전문

이 작품은 일제강점기의 암울한 시대현실을 살아가는 청년의 내면을 섬세하게 그려낸 대표적인 서정시이다. 청춘의 고뇌, 현실에 대한 분만, 그리고 떠남에 깃든 심리적 갈등을 시로 응축하였다. 처음의 결단은 다소 막연하고 불안하여, 끝의 결단은 다소 감정이 삭은 상태에서 냉철한 자기 체념을 보여준다. 이는 일제 강점기 청년들이 느꼈을 법한 무력감과 동시에, 어떤 방식으로든 삶의 주체가 되고자 하는 의지를 드러내고 있다. 이 작품 속 「떠나가는 배」의 실제 배경이 그의 고향 송정리 부근 황룡강가라고 전하고 있어 그곳에 가게 되면 청년시절 식민지 치하의 우리 민족이 처한 현실과 용아의 절망을 느끼게 하여 가슴이 아프다.

우리 호남뿐만 아니라 한국 근현대사 문학사에서 가장 영향력이 큰 시인으로는 미당 서정주가 있다. 모름지기 시인이 되려고 하는 사람이라면 그의 시를 읽지 않으면 안 될 정도로 우리 현대시의 가장 윗자리를 차지하고 있다. 그의 대표작 「귀촉도」를 통독한다.

피리 불고 가신 님의 밟으신 길은
진달래 꽃비 오는 서역 삼만 리.
흰 옷깃 여며여며 가옵신 님의
다시 오진 못하는 파촉 삼만 리.

신이나 삼아 줄걸 슬픈 사연의
올올이 아로새긴 육날 메투리.
은장도 푸른 날로 이냥 베어서
부질없는 이 머리털 엮어 드릴걸.

초롱에 불빛, 지친 밤하늘
굽이굽이 은핫물 목이 젖은 새,
차마 아니 솟는 가락 눈이 감겨서
제 피에 취한 새가 귀촉도 운다.
그대 하늘 끝 호올로 가신 님아.

- 서정주, 「귀촉도」 전문

서정주는 1915년 전라북도 고창에서 태어났다. 지금의 동국대학교 전신인 중앙불교전문학교를 중퇴하였다. 그는 탁월한 시적 자질과 왕성한 창작 활동으로 많은 작품을 남겼다. 6·25한국전쟁 중 조선대학교에서 교수로 임용되어 광주전남 시문학에 많은 영향을 끼쳤다.

이 작품은 1943년에 발표되었는데, 촉나라의 두우의 전설에서 따온 새 귀촉도를 배경으로 창작되었다. 소쩍새, 접동새로 불리는 이 새를 통해 사랑하는 임의 죽음에 대한 한을 노래하고 있다. 사랑하는 임은 다시 오지 못하는 저승길, 즉 서역 삼만 리, 파촉 삼만 리로 떠나버렸다. 사랑하는 임과의 거리감은 이루 말할 수 없이 슬퍼 눈물이 아롱아롱 맺힐 뿐이다. 차라리 임이 살아계실 때 머리털을 엮어 신이나 삼아줄 것이라며 지극한 정성을 쏟지 못한 아쉬움과 후회의 정서를 내비치고 있다. 이러한 정서는 한으로 승하되어 목이 젖은 새, 제 피에 취한 새인 귀촉도로 귀결된다고 한다. 하늘끝 홀로 가신 임이기에 그리움은 응어리져 피맺힌 눈물을 이루게 되는 절절한 한을 노래한 작품이다.

내가 존경하는 문병란 시인은 평생 가까이 살며 우리 광주 시인들에게 많은 영향을 준 어른이다. 민주화운동으로 투옥되기도 하며 지난한 삶을 살다가 2015년 타계하였다. 다음은 문병란 시인의 「꽃씨」이다.

가을날
빈손에 받아 든 작은 꽃씨 한 알!
그 숱한 잎이며 꽃이며
찬란한 빛깔이 사라진 다음
오직 한 알의 작은 꽃씨 속에 모여든 가을.

빛나는 여름의 오후,
핏빛 꽃들의 몸부림이며
뜨거운 노을의 입김이 여물어
하나의 무게로 만져지는 것일까.

비애의 껍질을 모아 불태워 버리면
갑자기 뜰이 넓어 가는 가을날
내 마음 어느 깊이에서도
고이 여물어 가는 빛나는 외로움!

오늘은 한 알의 꽃씨를 골라
기인 기다림의 창변에
화려한 어젯날의 대화를 묻는다.

- 문병란, 「꽃씨」 전문

씨앗은 생명의 시작이며 생명력을 담은 희망이다. 또한 시작임

과 동시에 결실이다. 어떤 존재가 무수한 시련과 역경을 이겨내고 꽃을 피워낸 후, 그 짧디 짧은 화려하고 아름다운 시기가 지나고 삶의 기쁨과 슬픔과 열정과 고뇌를 담은 생명력과 정수가 씨앗이다. 꽃씨를 보면서 꽃씨에 담긴 그 의미를 생각하며, 자신의 삶을 성찰하는 것이 이 작품이다. 아름다우면서도 번뇌로 슬프기도 했던 자신의 젊은 날들을 생각하며 찬란한 젊음이 사라져가는 자신의 삶이 슬프기도 하지만, 늙어가는 것이 성숙과 결실로 가는 길임을 깨닫고, 완전한 성숙에 이르기를 소망하는 시인의 메시지가 이 작품에 담겨있다.

한여름에 이어진 가을이라는 계절이 인간 성숙의 흐름과 겹쳐지며, 꽃씨는 가을이라는 계절의 묘사와 시인의 고백을 통해 인간 내면이 여물어가는 성숙함을 보여주는 일종의 성장시로 문병란 시인 자신의 삶을 그린 것으로 유추가 가능하다.

문병란 시인과 더불어 광주시문학을 이끌었던, 내가 존경하는 또 한 분은 손광은 시인이다. 늘 후배들과 홍겹게 지내며 전남대학교에서 후학들을 양성하다가 최근에 돌아가셔서 광주시단은 큰 어른을 잃어 비탄에 빠지기도 하였다.

바람 하나가
내 가슴 속을 찾아들어
진을 치고 떠나간다

다른 바람들은
너의 숨소리 속으로
자꾸 파묻혀 간다

사방에 부서진 시간들을 버려두고
우리들의 싸움은 미끄러져
일어설 줄 모르고

우리들의 사랑 토라져 숨는 것일까

아침 안개가 어깨를 툭 칠 때
어제의 기억들은 그들대로
다시 살아 숨쉰다.

- 손광은, 「안개」 전문

이 작품은 첫시집 『파도의 말』에 수록된 작품이다. 그러나 운산에 세워져 있는 시비의 시는 시인이 훗날 다시 고친 것으로, 시인의 가슴 속에 파문을 일으키는 정서를 바람과 안개라는 시적 대상으로 형상화하였다. "바람 하나가/내 가슴 속을 찾아들어/진을 치고 떠나간다"고 자신의 심상을 형상화 하고 있다. 바람은 보이지 않는 것이지만 느낄 수 있는 대상이다. 시인은 바람을 마음 속의

어떤 동요로 표현하였다. 그러므로 "내 가슴 속을 찾아"든 바람과 "너의 숨소리 속으로/자꾸 파묻혀" 들어가는 다른 바람을 통해 서로 충돌하는 인간 세상의 갈등을 내밀하게 형상화시킨 것이다. 이러한 현상을 시인은 "우리들의 사랑 토라져 숨는 것일까"라고 의문을 가지고 질문을 한다. 이때 "아침 안개가 어깨를 툭" 친다고 한다. 안개는 사물을 잘 보이지 않게 하는 기상현상으로 여기에서는 불투명한 세계를 의미한다. 앞을 내다볼 수 없는 인간의 삶을 노래한 것으로 해석할 수 있다.

운산에 와서 시비들을 볼 때면 꼭 놓치지 않는 시비가 최경자 선생의 「풀꽃의 기도」라는 시가 새겨진 시비이다. 친누님처럼 곁에서 시비공원에 세울 시비 시인들을 선정해 주고 나에게 여러 가지로 도움을 준 시인이다. 선생은 타계하셨어도 시비를 보면 생전의 누님 생각이 난다. 주인 잃은 시비만이 남아 인정 많고 따스한 인품을 말해준다.

척박한 땅 비집고
애써 추스르는 꽃망울
인기척 그리움

심호흡 나누며
행여 뉘
가슴에 글씨로 남을까
작은 미소마저
사랑하게 하소서

허공을 앞질러
반란을 꿈꾸는 솔바람
내 마지막 남길 영혼까지
훑어가시려나

그대 발길 닿는 곳이면
어디든지 좋아
생각 한 잎 접어
내게도 눈길 한 번 주소서.

- 최경자, 「풀꽃의 기도」 전문

들길이나 산길에서 흔히 볼 수 있는 이름모를 풀꽃을 생각하며 쓴 작품이다. 흔히 화려한 꽃에 눈길을 주고 관심을 가진다. 시인은 작고 볼품없는 풀꽃이지만 사랑어린 눈길과 마음으로 애틋한 마음을 보낸다. "척박한 땅 비집고" 싹을 틔우고 꽃을 피운 풀꽃을 마치 사람인 것처럼 의인화시켜 풀꽃에게 인격을 부여하고 있다. 혼자 피어있는 풀꽃은 인기척이 그리웁다. 그래서 풀꽃을 바라보는 누군가에게 관심과 사랑을 받고 싶어 한다. 그래서 누군가의 가슴에 글씨로 남아있다면 외롭지 않을 것이다. 들에 피어있는 풀꽃

은 바람을 맞으며 그것을 견디고 있다. 바람이 풀꽃을 쓰러뜨릴 수도 있다. 그럼에도 꿋꿋하게 살아가며 누군가에게 눈길을 한 번이라도 주기를 소망한다.

이 작품은 풀꽃을 노래하고 있지만 외로운 사람, 주목받지 못한 사람의 이야기로도 해석이 가능하다. 우리 주변에는 풀꽃 같은 사람들이 많이 있다. 시인은 풀꽃에 대한 관심과 사랑처럼 외롭고 눈에 잘 띄지 않은 사람에게도 관심과 사랑을 갖자는 메시지를 담아내고 있는 것이다.

운산 시비들을 쓰다듬으며 시비마다에 새겨진 시들을 읽다보면 시인들의 빛나는 영혼을 만날 수 있다. 나는 생각한다. 이 작품들을 쓸 때의 시인들의 순수하고 아름다운 생각과 맑은 영혼을…….

운산 시비공원 한편에 '소월의 길'이 있다. 이곳에는 1920년대 낭만주의 시인으로 활동하다가 요절한 소월 김정식의 시비들이 가슴을 쥐어짠다. 김소월의 「초혼」, 「먼 후일」, 「진달래꽃」, 「못 잊어」 등 우리 국민들이 여전히 애송하는 시편들을 남긴 시인이다. 그의 시는 우리 민족의 심상에 간직한 한(恨,)의 정서를 잘 빚은 시인으로 그의 시를 읽으면 마음 속에 슬픔이 고인다. 나는 '소월의 길'에 김소월의 대표작들을 새겨 여러 개의 시비를 세웠다. '소월의 길'을 걸으며 한 많은 삶을 살다 간 그의 생애를 생각하곤 한다.

민족시인 김소월은 1902년 평안북도 구성에서 태어나 1934년 타계하였다. 도쿄대학 상과를 중퇴한 후 1920년 「낭만의 봄」을 발표하면서 시인으로 활동하였다. 그의 시세계의 두드러진 특징은 사랑과 이별에 대한 감정을 한의 정서로 탁월하게 형상화시킨 점이다. 또한 자연에 대한 사랑과 숭고한 감정과 인간의 삶과 죽음, 유한함과 무한함에 대한 탐색이 담겨져 있다.

그의 대표작으로 꼽는 「초혼」을 '소월의 길'에 세워진 시비를 통해 읽는다.

산산이 부서진 이름이여!
허공(虛空) 중에 헤어진 이름이여!
불러도 주인 없는 이름이여!
부르다가 내가 죽을 이름이여!

심중(心中)에 남아 있는 말 한마디는
끝끝내 마저 하지 못하였구나.
사랑하던 그 사람이여!
사랑하던 그 사람이여!

붉은 해는 서산(西山) 마루에 걸리었다.
사슴의 무리도 슬피 운다.
떨어져 나가 앉은 산 위에서
나는 그대의 이름을 부르노라.

설음에 겹도록 부르노라.

설음에 겹도록 부르노라.
부르는 소리는 비껴가지만
하늘과 땅 사이가 너무 넓구나.

선 채로 이 자리에 돌이 되어도
부르다가 내가 죽을 이름이여!
사랑하던 그 사람이여!
사랑하던 그 사람이여!

- 김소월, 「초혼」 전문

본래 '초혼(初婚)'은 장례의 한 절차이다. 민간신앙에서 사람이 죽은 것을 혼히 나간 것으로 생각하였는데, 나간 혼을 불러 재생시키겠다는 염원으로 지붕에 올라가 죽은 사람의 옷을 들고 북쪽을 향해 이름을 세 번 부른다. 이 작품에서 죽음에 대한 좌절과 절망으로 죽은 사람의 이름을 부르는 1연에서는 "부르다가 내가 죽을 이름"이라고 절규한다. 사랑하는 사람에게, 그러나 이 세상에 없는 연인에게 마음 속에 있는 말을 다하지 못했다고 격정적으로 슬퍼한다. 그러면서도 죽은 사람의 죽음을 인정하려고 하지 않는다. 연인의 죽음을 현실적으로 받아들이지 못하는 것이다. 이 작품은 낭만주의 시인들의 시에서 흔히 볼 수 있는 감정을 과도하게 쏟는 특징을 그대로 보여준다. 연인의 죽음으로 그의 부재가 "하늘과 땅 사이가 너무 넓"다고 다소 과장된 화법으로 자신의 심정을 토로한다.

마지막 연에서는 "선 채로 이 자리에 돌이 되어도/부르다가 내가 죽을 이름이여!"라고 비탄에 빠진 어조로 자신의 연인을 얼마나 사랑했는지를 드러내고 있다.

「먼 후일」에서도 절망적인 상황을 재현한다.

먼 훗날 당신이 찾으시면
그때에 내 말이 '잊었노라'

당신이 속으로 나무라면
'무척 그리다가 잊었노라'

그래도 당신이 나무라면
'믿기지 않아서 잊었노라'

오늘도 어제도 아니 잊고
먼 훗날 그때에 '잊었노라'

- 김소월, 「먼 후일」 전문

김소월의 시에서 '님'에 대한 시편들이 많이 있다. '님'은 사랑하는 사람이며, '떠나간 사람', '자신을 버린 사람' 등으로 나타난다.

그의 대표작이랄 수 있는 「진달래 꽃」에서 그러했듯이 님과의 이별을 현실로 받아들이지 않는다. 님에 대한 강한 미련이 남아있기 때문이다. 이렇듯 김소월의 시는 시적 화자가 여성이면서, 여성적 어조로 목소리를 내고 있다.

이 작품에서 "먼훗날 당신이 찾으시면/그때는 내 말이 '잊었노라'"라고 당신에게 말하겠다고 한다. 그러나 이것은 역설이다. 마음 속으로 "당신이 속으로 나무라면/'무척 그리다가 잊었노라'"고 한 것에서 짐작할 수 있듯이 "오늘도 어제도 아니 잊고/먼훗날 그때에 '잊었노라'"고 하고 있는 것이다. 여전히 떠나간 님에 대한 그리움으로 잊지 못하고 있음을 노래하고 있다.

다음의 「못 잊어」 역시 앞에서 본 시들처럼 사랑하는 사람에 대한 그리움을 형상화시킨 작품이다.

못 잊어 생각이 나겠지요,
그런대로 한세상 지내시구려,
사노라면 잊힐 날 있으리다.

못 잊어 생각이 나겠지요,
그런대로 세월만 가라시구려,

못 잊어도 더러는 잊히오리다.

그러나 또한긋 이렇지요,
그리워 살뜰히 못 잊는데,
'어쩌면 생각이 떠지나요?'

- 김소월, 「못 잊어」 전문

김소월의 작품들은 많은 사람들이 노래로 만들어 부르고 있다. 이 작품 또한 노래로 만들어져 대중적인 인기를 누린 연가이다. 이는 시의 의미가 인간의 사랑과 그리움을 노래하였기 때문인데, 특히 구절이 반복되어 음악성을 유발하기 때문이다. 뿐만 아니라 반복을 통해 의미를 강조하고 있는 까닭이다. 짧은 이 작품에서 '못 잊어'를 세 번이나 반복하고 있다.

이 작품은 이별을 한 연인을 시간이 흘러도 잊지 못하는 사람의 사랑과 그리움의 정서가 끊임없이 반복되고 있다. "그런대로 한 세상 지내시구려"는 잊으라는 뜻이 아니다. 오히려 그리움을 품고 살아가는 인간의 숙명을 받아들이는 목소리로 들린다. 마지막 연의 "그리워 살뜰히 못 잊는데,/'어쩌면 생각이 떠지나요?'"라는 질문은 마음을 깊숙이 흔든다. 여기에서 사랑은 삶의 일부로 자리잡은 모습을 보인다. 특히 “살뜰히”라는 표현은 그리움 속에서도 여전히 따뜻한 애정이 있음을 느끼게 한다.

‘소월의 길’을 걸으며 김소월의 시를 읽으면 인간의 내면에 깃든 본질적인 감정이 어떠한지를 느낄 수 있어 ‘사랑과 그리움’이라는 감정에 대해 다시 한 번 생각하게 하여 다시금 마음을 가다듬게 된다.

■ 소월의 길

■운산의 시비들

영 혼
고즈넉한 햇빛도
넘어가 버리고
수평선 너머로 붉은 노을 흘러올 때
대지는 쓸쓸한 가을의 꿈속에
처녀의 입술같이 떨고 있어라
해지고 난 뒤 검어진 밤하늘
산란히 구비치는 이 가슴 위에
사향 없이 떠도는 환영은
어느 때 잊어버린 그림자런가
신록을 보면
너를 보면 하늘도 함께 본다
겨우내 수그렸던 내 고개가
도시 한 모퉁이에서 봄을 맞으면
문득 쳐다본 신록
거무스럽한 나뭇가지
굳은 껍질 뚫고 나와
파릇한 너를 보면
어느새 내 눈도 하늘로 떠오르게 되고
너를 보면 하늘도 함께 본다
눈 오시는 밤에는

PART + 04

평화를 꿈꾸며

평화를 꿈꾸며

- 비무장지대 '평화도시' 건설 제안

2003년, 나는 유엔 산하 NGO인 세계평화교육자국제연합(IAEWP)의 평화대사로 선임되었고, 이듬해인 2004년에는 한국조직위원회 총재직을 맡게 되었다. 이 무렵 나는 휴전선 인근에 '국제평화도시'를 건설하자는 구상을 제안하였다.

이 제안은 2004년 7월, 당시 IAEWP 본부 총재였던 메리시에카 박사와 공동으로 집필한 「한반도의 평화를 유지하면서 단계적으로 무리 없이 국가를 통일하기 위한 방법 제안」이라는 글에 담겨 발표되었다. 이후 이 구상은 국내외의 주목을 받았으며, 특히 휴전선에 '평화도시'를 건설하겠다는 발상이 많은 이들에게 깊은 인상을 남겼다. 남북이 화해하고 협력할 수 있는 구체적 방안을 제시한 데 대해 놀라움을 표하는 이들도 많았다.

내가 제안한 평화도시는, 남북의 이산가족을 중심으로 이상적이면서도 실현 가능한 형태의 남북 상생을 추구하는 대안으로서, 민간 교류를 통해 단계적으로 무리 없이 평화통일을 이루고자 하는 시나리오였다.

2004년, IAEWP 찰스 메르시에카 총재의 방한과 함께 서울 세종문화회관에서 출판기념회를 열었다. 나는 이 자리에서 평화활동에 대한 공로를 인정받아 아카데미 평화상을 수상하였다. 이 책은 획기적인 평화방안을 담고 있어 이듬해인 2005년 한글판으로 국내 출간되었고, 세계 각국의 도서관에 배치되었으며 대통령 등 국가 지도자들에게 전달되어 국제사회의 평화 담론에 활력을 불어넣었다.

통일에 대한 나의 신념은 6·25전쟁 이후 반공을 국시로 삼았던 어린 시절로 거슬러 올라간다. 당연히 한민족은 통일을 이루어야 한다고 생각했고, 대학 시절과 군복무 중에도 보다 구체적인 통일의 그림을 품어왔다. 북녘의 헐벗은 동포들이 자유를 회복하고, 남북이 다시 만나 서로를 품을 날을 간절히 바랐다.

'국제평화도시' 건설 제안은 남북이 각자의 체제 유지를 위해 주도권을 놓지 않으려는 태도와, 자국의 이익만을 추구하는 열강들의 개입으로 인해 한반도 통일 논의가 순탄치 않은 현실을 타개하려는 나름의 해법이었다.

나는 중립지대를 조성하면 막대한 통일 비용을 절감하고 사회적 혼란 없이 통일로 나아갈 수 있으리라 생각했다. 이에 따라 비무장지대에 평화도시를 건설하자는 발상을 하게 되었고, 이는 남과 북 어느 쪽에도 치우치지 않고 중립적으로 접근할 수 있는 방안이었다.

이 평화도시는 일종의 중립국 개념으로, 비무장지대와 민간인통제구역 내에 건설되어야 하며, 우리나라뿐만 아니라 전 세계 평화애호 시민들을 위한 공간으로 구상되었다. 인권과 평화의 국제적 모델로 발전시킴으로써, 분단 상황을 자극하지 않고 평화 분위기를 조성해 점진적으로 통일로 나아가자는 것이 이 구상의 핵심이다.

또한, 이 도시의 운영은 남과 북 어느 한쪽이 아닌 중립기구인 유엔에 맡기는 것을 전제로 한다. 남북관계는 정치적 요인뿐 아니라 미국 등 열강들의 이해관계가 얽혀 있는 국제적 문제이기도 하다. 따라서 중립지대를 통해 단계적으로 교류의 범위를 넓혀가며 통일에 접근해야 한다고 본다.

북한은 체제 보장과 경제 문제, 전력 공급 등 실질적인 보장을 원하며 미국과의 관계 개선을 희망하지만, 현실적으로는 상호 간의 불신이 큰 상태다. 이러한 상황에서 구체적인 공간인 국제평화도시가 완충지대 역할을 하며 상호 신뢰를 구축할 수 있을 것이다.

국제평화도시는 약 30만 명 규모의 이상적인 도시로 구상되었으며, 남북의 이산가족이 중심이 되어 생활함으로써 어느 한쪽에도 치우치지 않고 상호 이익을 도모할 수 있다. 이곳은 이산가족뿐 아니라 남북의 정상들이 만날 수 있는 공간이 될 것이며, 평화를 바탕으로 분단의 상처를 치유하고 세계 유일의 분단국가라는 이미지를 평화의 상징으로 전환할 수 있을 것이다.

이 구상을 실현하기 위해서는 내가 제시한 기본 방안 외에도 다양한 보완이 필요할 것이다. 예산, 제도, 실행 가능성 등 현실적인 문제에 대한 접근이 필수적이며, 정부 차원의 전담 기구 설립도 검토되어야 한다. 그러나 무엇보다 중요한 것은 상대인 북한과의 신뢰를 쌓는 일이며, 이 신뢰를 기반으로 사업을 추진해야만 한다.

내가 이 제안을 처음 했던 때보다 지금의 남북관계는 더 악화되었다. 당시에는 진보정권인 노무현 정부가 집권 중이었으나, 그 이후 보수와 진보정권이 번갈아 집권하며 남북관계는 정치적 흐름에 따라 요동쳤다. 이러한 상황에서 정권에 상관없이 '통일'이라는 목표를 일관되게 추진해 나갈 때, 비로소 나의 국제평화도시 구상이 실현될 수 있을 것이다.

다음은 내가 제안한 국제평화도시 관련 구상을 담은 글, 「한반도의 평화를 유지하면서 단계적으로 무리 없이 국가를 통일하기 위한 방법 제안」의 주요 내용을 간략히 소개하고자 한다.

■ UN본부 앞에서 찰스 IAEWP 세계 총재와 함께 악수를 나누고 있는 최 총재

■ 켈리포니아 주지사인 영화배우 아놀드 슈왈츠 제네거와 함께 기념 촬영

■ 세계평화무도대회 겸 아시아문확예술축제에 참석해 어린이 태권도 선수들을 격려하는 최 총재 부부

■ 미국 뉴욕에서 열린 UN-NGO 평화 학술세미나에 참석한 최 총재

■ 찰스 세계 본부 총재로부터 아카데미 평화상을 받은 최 총재와 부인 허선자 씨

한반도 통일과 국제 안보

■ 최 총재가 발간한 한반도 평화 관련 저서(왼쪽)와
최 총재 저서의 내용이 실린 'Crucial Issues Facing the World'

지난 수십 년간 동아시아 전 지역은 극적인 변화를 겪었다. 동아시아 국가들은 아직도 세계에서 일어난 변화에 적응해 나가고 있는 중이다. 이러한 변화 중 가장 중요시되는 점은 경제 발전과 국가 안보일 것이다. 한반도에서는 긴장이 상당히 완화되어 가고 있음에도 불구하고 매우 사소해 보이는 도발 행위도 강대국간 분쟁으로 비화될 수 있기 때문에 한반도는 아직도 상당히 민감한 지역으로 남아있다.

한반도의 통일 가능성

한반도는 최소한 정치적 측면에서 볼 때 불안정한 지역으로 보일 수 있다. 우리는 여기서 독일을 선례로 한반도 통일 가능성을 연구해 보고, 특히 한반도가 국제적으로는 동아시아 지역과 크기는 세계에 미친 영향에 관하여 알아보고자 한다. 전 세계가 인식하고 있듯이 한반도는 4대 강국 즉 러시아와 미국, 중국 그리고 일본의 전략적 이권에 강력히 호소하고 있다.

예부터 매번 이러한 4대 강국의 이견 분쟁이 있을 때마다 한반도는 전쟁 분위기였고 이들간의 분쟁이 없을 때에는 평화와 안정 및 번영기를 구가해왔음을 알고 있다. 이 때문에 한국은 동아시아에서 평화와 안정을 위한 전략적 요소이다. 냉전 시기에는 주요 강국들의 역학을 의한 한반도에서 힘의 균형을 유지하고 있었음을 우리 모두 알고 있다.

이러한 힘의 균형은 한반도를 민주주의와 공산주의를 주장하는 두 사회권 분열을 양식 시켰다. 오늘날, 한국은 150만명 밖에 안되는 국토에 무려 약 150만 명의 군인들이 대치를 벌이고 있는 불씨를 안고 있는 지역으로 남아있다. 한반도 문제는 북한과 남한의 측면에서 뿐 아니라 4대 강국의 전략적 이해관계에서 분석되어야 한다. 한반도 통일의 핵심은 궁극적으로 강대국 간의 관계가 어떠한가에 있다. 이러한 점은 1972년 남북 공동성명에서 실증되었던 바, 본 공동성명에서는 통일이 '외부 강요와 간섭' 없이 이루어져야 함을 명시하고 있다. 이는 앞에서 언급한 4대 강국 - 러시아, 미국, 중국, 일본의 가급적 남북한 정부를 내버려 두어야 함을 의미한다. 남북한 모두 통일이 주목적이라는 사실에 합의하지만 양극적인 접근법은 상호 양해할 수 없을 만큼 다르다.

통일에 대한 개념의 차이

남한의 통일 전략은 점진적인 방법, 즉 선 평화 후 통일을 특징으로 한다. 이와 반대로 북한은 선 통일후 평화 전략을 기조로 하고 있다. 남한은 남북한 관계가 정상화된후 통일의 가능성을 바라보는 반면, 북한은 한반도가 통일되면 평화가 온다고 믿는다. 남한의 통일 전략은 북한의 군사 전략적 입장에 대한 불안감을 반영한다. 북한의 통일 전략에서는 남한 내 미국 주둔을 통일의 주요 걸림돌로 본다.

남한에서는 폭력과 불신의 역사를 고려하여 통일은 점진적으로 이루어져야 한다고 주장한다. 남북 대화를 제도화하고 경제와 사회적 접촉을 늘려 통일을 위한 실질적인 전초로 나아가야 한다는 생각이다. 반면, 북한은 남한 내 미국 주둔은 북한 안보의 위협으로 보고 있으며, 이에 따라 긴장 완화의 길로 군비 통제에 중점을 두고 있다. 김영원 전 UN 한국대사는 "남한은(평화적인) 독일 방식을 원하고 있으나 북한은(점령을 통한) 베트남식을 원한다"며 통일에 대한 갈라진 두 견해를 설명한다.

남북한이 통일에 대하여 서로 다른 견해만을 추구하는 한, 남북관계는 교착상태에서 빠져 나오지 못할 것이다. 냉전을 통하여 강대국은 한반도 내에서 현상 유지를 원했다. 그들의 주요 관심사는 한반도 통일이라기보다는 안정과 안보였다.

현상 유지 상태의 급진적 변화를 두려워하는 주요 강국들은 한반도 통일에 대하여 '말뿐인 호의'를 보이는 분위기를 조성해왔다. 실제로 이들은 한반도 통일 목적을 달성하기 위한 노력을 거의 하지 않았다. 이에 따라 한반도의 전략적 환경은 6·25 전쟁이 끝난 이후 거의 변한 것이 없다. 이러한 전략은 전혀 변하지 않고 있음에도 불구하고 최근의 남북 관계 변화와 지역 동맹의 지역 안정과 한반도 긴장 완화 가능성을 증대시키고 있다. 최근 수년간 남북관계는 완화된 추세였다. 북한의 경제 성장은 남한보다 빠르지 않았다. 남한은 연간 9%의 성장을 보이고 있는 반면, 북한의 공식적인 경제성장률은 약 3%이다.

남북한 경제성장

한국의 역동적인 경제성장은 남북한 간의 커다란 격차를 만들어왔다. 1987년 현재 남북한 간의 GNP는 한국이 북한에 비해 5배나 큰 규모였다. 그 이후 한국 경제가 계속 성장함에 따라 양측 간의 군사적인 격차는 줄어들고 있다. 1985년 RAND의 연구에 따르면, 북한은 한국에 군사적인 우위를 유지하려면 GNP의 36% 내지 42% 정도를 투입해야 한다고 한다. 북한의 주변 동맹국들도 더 이상 북한을 예전처럼 원조할 수는 없다. 러시아는 석유와 첨단 기술을 북한에 수출하는데, 북한화폐가 아닌 다른 안정성 있는 통화를 요구하고 있다.

이와 비슷하게 바르샤바 조약의 폐기 때문에 북한은 이전의 동유럽 무역교역국을 상실했으며 중국은 자국의 경제문제를 해결하는 데 급급하고 있다. 중국과 러시아의 화해 역시 북한이 더 이상 양국 간의 불화를 빌미로 상당한 이익을 챙겨오던 관행에 걸림돌이 되고 있다. 북한 경제가 침체기를 겪고, 반면에 한국 경제는 성장하는 상황 때문에, 북한은 자신의 주체사상을 재평가를 해야 하는 위기에 직면해 있다. 이러한 변화가 주효했던 예는 1984년 비록 성공적이지는 못했지만 새로운 합작투자법의 통과되기 때문이다.

경제적으로 남한에 뒤처져 있지만, 북한은 이러한 상황을 받아들이고 전체주의 권력을 포기하는 것을 거부하고 있다. 하지만, 북한이 이러한 변화를 내부적으로 거부한다면, 한국에 비교해 볼 때 앞으로 열세인 상황을 타개할 수 없을 것이다. 대신 북한은 관광하면서 남한이 정치적으로 취약하기 때문에 자체적으로 남김게 자신의 방식대로 통일을 이룩할 수 있기를 바라고 있다. 북한의 기대와는 달리 한국은 정치, 군사, 경제면에서 탁월한 성장을 보이고 있다. 또한 한국은 국제 사회에서 북한보다 훨씬 더 많은 지지를 얻고 있다.

한국은 1988년 서울올림픽을 성공적으로 치러냄으로써 국제적인 이미지와 지위를 고양시켰다. 또한 서울은 북방정책으로 알려진 외교적인 공세를 취하고 있다. 그 정책의 목표는 북한의 주변 동맹국인 중국과 러시아의 외교관계를 개선함으로써 그들이 북한의 전투적인 정책을 억제하고, 남북한 대화에 보다 더 많은 참여를 할 수 있도록 도모하려는 것이다. 박정재는 성공적이었으며, 중국, 한국과의 관계는 특히 무역 분야에서 급성장을 보여왔으며, 1989년 현재 양국 간 교역 규모가 32억 달러에 이르렀다.

한국의 국제관계 개선

또한 중국과 한국은 무역사무소 개설에 합의해왔다. 이는 진전된 양국 관계의 첫번째 발전이었다. 또한 1990년 9월 30일 한국과 러시아는 공식적인 외교관계를 수립했다. 러시아 공산당 서기장 고르바초프가 1991년 한국을 방문하는 동안 한국은 러시아에 30억 달러의 차관을 원조해 주었다. 이러한 급격한 변화가 남북한 관계에 그다지 큰 영향을 미치지 못한 것은 사실이지만 양측은 지속적인 화해 분위기를 형성했다. 남북한 대화도 안정적이고 정규적으로 이루어지게 되었다.

비슷하게 남북한은 일본에서 열린 세계탁구선수권대회에 남북한 단일대표팀을 구성해 출전하기도 했다.

그 일은 한국측 탁구 외교이며, 그것에 양측 협상대표단을 어렵게 했던 문제이기도 했다. 또한 1990년과 1991년 남북한 총리회담이 4차례 개최되었는데, 이는 한국전쟁 발발 이후 최고급의 회담이었다. 이러한 변화는 남북한 세력균형이 한국 쪽으로 기울어 가고, 북한은 계속해서 더 심한 정도로 국제사회로부터 고립되어가는 상황에 기인하는 것이었다. 이러한 변화들에도 불구하고, 양측이 대결할 가능성은 여전히 남아있다.

또한 과거에는 긴장완화와 대화의 지속성이 겉잡힌 허장성세에서 타협으로 관계전진이 될 만하면 항상 빠져거졌다. 예를 들면 광복절에 양쪽 38선 경계를 일부 개방하자는 제안이 성사되지 못했는데 그 이유는 남북한 양측이 세부사항에 합의하지 못했기 때문이었다.

남북한 문제의 핵심은 남북한 당사자들에게 있으며, 그들 문제는 외부의 개입이 없는 순전히 양측간의 문제였다. 강대국들은 양측간의 건설적인 대화를 재개하기 위해 중요한 역할을 하고 있다. 그들은 남북한 대화를 늘리도록 유도하기 위해 자신들의 영향력을 행사할 수 있다.

동북아지역 주변국들과의 관계 변화는 한반도 상황에 불가피하게 영향을 끼칠 수 밖에 없다. 러시아와 미국간의 관계개선 및 중국과 러시아의 화해는 동아시아 지역 전체에 안정을 가져다 줄 것이다. 경제적인 실리추구가 중국과 러시아의 대 아시아 접근의 중심원리가 되고 있다. 러시아와 중국은 그들 경제를 동아시아 경제로 통합시키는 한편 그들의 경제를 현대화하려는 노력을 계속하고 있다.

한반도의 경제현황

한반도의 불안정한 상황은 경제개혁에 위협을 초래할 수 있으며 이는 모스크바와 베이징이 향후에 어떠한 모험에도 평양에 대한 그들의 영향력을 끼칠 것이라는 것이라고 생각될 수 있다. 비슷하게 한국의 경제성장과 동아시아 지역의 변화하고 있는 전략적 상황은 한국의 안정화에 대해 미국이 그들의 역할을 재평가하도록 촉진시킬 수 있다. 한국에서의 반미주의로 미국과 한국이라는 두 나라간의 마찰은 상승하고 있다. 특히 많은 젊은 한국인들이 한반도의 계속된 분단 상황과 관련하여 미국을 비난하고 있다.

한편 한국은 더욱 더 자체의 방어능력을 키우고 있다. 따라서 한국의 국방비는 앞으로 3년 이내에 약 7천명의 군사인력을 감축할 것으로 기대하고 있다.

미국은 한국의 인계철선(trip-wire)을 해체하기 시작했다. 한반도에서 군사적 긴장이 줄어들고 있음에도 불구하고 상당한 불안정이 존재하며 따라서 주의를 기울이지 않으면 이 지역에서의 불안정을 초래할 수 있다. 이러한 불안정한 상황의 주요 원인은 한국과 북한 간의 점점 증가하고 있는 군사적 그리고 경제적 상황 간의 불균형이다. 불안정한 상황은 중요한 지역 국가들 간에 나타나고 있는 경제적 협력 관계를 붕괴시킬 수 있다.

주요한 강대국에게 가장 힘든 과제는 한국과 북한 간의 군사적 힘의 균형이 완만하게 이전될 수 있도록 촉진시키는 것이며 나아가 두 국가가의 그리고 동아시아 지역에서의 평화와 안정성을 고양하는 것이다. 만일 긴장적인 상황이 감소하고 안정성이 고양된다면 한국과 북한 그리고 강대국간의 신뢰를 구축하기 위한 조치들이 필요하다. 한반도가 분단된 상태로 있고 군사적으로 절대적인 상황에도 불구하고, 또 다른 한국전쟁의 가능성은 매우 희박하다. 좀더 가능한 시나리오는 군사적 테러나 또는 고립된 내부적 작전은 접촉될 가능성이다.

북한은 변화를 거부하고 그들의 상황의 정치 현실을 받아들이는데 믿을 수 없을 정도로 탄력성을 보였다.

'교차접촉(cross-contacts)'으로 알려진 외교적 시도는 북한으로 하여금 그들이 오랫동안 한국에 대하여 취해온 적대적 감정을 포기하도록 영향을 끼칠 수 있다. 교차접촉은 4개의 주요 강대국과 한국과 북한의 두 국가간의 화해를 포함할 수 있다. 현재 베이징은 한국과 교차접촉을 하고 있으며 모스크바는 한국과 교차인식(cross-recognition)을 이루었다. 거꾸로 평양과 일본 그리고 미국간의 접촉은 아주 제한적이었다. 미국과 북한의 고위 관계자들은 관계 향상을 위해 지난 해 동안 수차례의 회담을 개최해 왔다. 이러한 대화는 북한과 미국간의 어떠한 실질적 관계향상에 효과적이지 못했다.

정상적인 관계에 대한 열망

또한 일본과 북한은 두 국가간의 관계의 정상화를 위한 열망을 나타내었으며 수 차례의 회담을 개최해 왔다. 이러한 회담들은 정부 대 정부간의 회담이 아니었으며 오히려 두 국가간의 정당의 리

더들간의 회담들이었다. 두 국가간의 외교적 그리고 경제적 결속은 점점 증가하고 있는 아시아의 통합의 리더로서의 일본의 위상을 고양시킬 것이다.

관계의 정상화에 대한 두 국가간의 상호 열망에도 불구하고 북한의 핵 문제에 대한 일본의 근심은 관계의 정상화에 대한 진전의 방해가 되어왔다. 또한 한국의 민감함을 알고 있는 일본의 고위 관계자들은 한국이 북한과 관계의 정상화를 이루기 전에 북한과의 관계를 정상화 하지 않을 것이라고 표현해 왔다.

북한은 자국의 경제를 서구시장에 개방 시키려는 바람을 표시해왔다. 이러한 정책의 전이는 1984년 신 합작벤처법의 문항에 나타나 있다. 워싱턴과 도쿄 모두 북한이 서울과의 건설적인 대화를 여는 것을 고양시키기 위한 잣대로서 변화하고 있는 이러한 정책을 사용할 수 있다. 만일 평양이 서울에 우호적으로 대응하지 않는다면 일본과 미국은 북한과의 외교적 특히 경제적 관계를 제한할 수 있다. 한국에 대한 북한의 태도에 영향을 끼치는 당근과 채찍의 접근이 될 수 있다.

이러한 접근은 북한에게 실질적인 인센티브들을 제공함으로써 그들의 한국에 대한 정책을 완화하기 위하여 북한과 한국이 모두에게 도움이 될 수 있다. (예를 들면 외국자본이나 기술) 북한에게는 원조와 주한 미군의 철수라는 형태로 실질적인 혜택을 얻을 수 있으며 반면 한국은 그 대가가 매우 작을 것이다.

따라서 한반도의 통일을 이루는데 이러한 조치에 대한 가능성은 다소 제한될 수 있다. 주요 4대 강대국들 간의 변화하는 관계는 지역의 안정성이 경제협력을 고양시킬 것이라는 것을 이해하는 쪽으로 변하고 있다.

한반도에서의 긴장이 주요한 장애가 되고 있다. 주요 강대국들은 만일 향후 오랫동안 한반도에서 안정성이 이루어지려면 한국에서의 긴장과 불안정이 감소되어야 한다는 데 동의하고 있다. '한국화(Koreanization)'와 '교차접촉(cross-contacts)'이라는 외교적 시도들은 이 지역에서 안정성을 가져올 뿐만 아니라 남북간의 대화를 제도화하는 데 도움을 줄 수 있다. 이러한 시도들은 한국과 북한에 대한 건설적인 약속이라는 이중 정책이다. 주요 강대국간의 최근 관계의 변화가 동아시아에 있어서의 평화와 안정에 대한 향후 예상을 바꾸었음에도 불구하고, 한반도는 이러한 변화들로부터 고립된 채로 남아 있다.

지역 안정의 중요성

앞으로의 과업은 지역 안정의 촉진에 있다. 동서독 결합의 들뜬 마음은 남북한이 그들의 과정을 답습할 지에 대한 의문을 제기해 왔다. 남북한은 결코 동서독과 같지 않다. 대립관계의 성격이 질적으로 다르기 때문이다. 한 국제원이 보고했듯이 남북간의 원하는 아주 오래된 것이다. 남과 북이 화해를 하기 이전에 해결해야 할 여러 가지 복잡한 문제가 내재해 있으므로 즉각적이고 행복감을 주는 합의 조건은 아직 나타나지 않았다. 통일을 둘러싼 주요 문제가 한층 중요한 문제로 남아있다.

"김일성 주석의 사후에는 어떻게 될 것인가?" 북한의 공산주의가 동물멸처럼 하루밤 사이에 없어지길 기대하는 것은 사상각일 뿐이다. 김일성 이후의 어떤 지도라도 공산주의를 버리기 보다는 시대에 맞게 적용할 것이다. 남북통일의 전망은 실로 어렵고 지루한 일이 될 것이다. 게다가 대부분의 남한 사람들은 통일에 대해 관념론적인 생각을 가지고 있다. 그들은 통일의 모든 문제들을 해결할 것이라 믿는다. 그러나 통일은 완전히 새로운 또 다른 문제를 제기할 뿐이다. 이는 통일에 앞서 견뎌내야 한다. 통일에서 가장 중요한 것은 갈라진 두 사회를 하나로 동화하여 통합시키는 과정인 것이다.

남한의 13대 노태우 전 대통령은 1991년 3월 1일에 1995년까지 통일이 이루어질 것이라고 예언한 바 있다. 그러나 그는 이런 중차대한 과업을 성사시키기 위한 어떠한 계획도 제시하지 못했다. 남북한 대화의 제도화는 통일에 대한 토론의 기틀을 마련할 것이며 남한이 보다 현실적이고 적당한 대가와 이익을 예상한다면 통일은 성공할 수 있다. 따라서 오늘 가장 중요한 문제는 강대국 간의 관계인 것이다. 남한은 4대 강국의 전략적 이해관계가 얽힌 지정학적 지점에 위치해 있어 이들 세력의 지지가 없이는 통일을 이루기가 어렵다. 사실 통일의 가장 결정적인 문제는 이 4대 강국들이 통일 한국을 받아들이는 것이다. 한국문제와 함께 이런 모든 복잡한 문제는 통일을 향한 어떤 중차대한 과업이 진행되기 이전에 논의되어야 할 것이다. 남한에는 동남아의 새로운 안전체계구축을 위한 주변 장애물이 남아있다. 한반도에서 분출하는 또 다른 주요 분쟁에 대한 전망은 한계가 있다.

정치적 일탈 증가의 위험

남북한이 점점 더 멀어지기 때문에 오히려 상대적으로 정치적 테러행위가 심해진다. 이런 각본이 지역의 불안정 상태를 만들고, 동남아의 협력적 환경을 파괴시킬 것이다. 대립에서 통일로의 변화가 인정되기 위해서 강대국들은 남북한과 발전적으로 일해야 한다. 통일로의 길은 멀고도 험한 여정이 될 것이다. 그러나 지금의 정치적 상황은 통일이 남한과 지역 세력간의 건설적인 대화에 발맞춰 성취될 것이라고 조심스럽게 낙관한다.

당면해 있는 문제는 다자적 체제 하의 안전보장에 대하여 북한이 혐오감을 표시하는 것이다. 북한은 이미 공동 정권으로 안보의 이데아에 이미 비판적 시선을 표했다. 이는 북한 노동당이 출판하는 북한 최고 유력지 중 하나인 노동신문 논평에 실렸다. 최근 미국과 그 외 관련 국가들은 동북아 안전협의회에 대한 계획을 내놓았다. 핵 문제의 해결방안으로 6자 기구를 수행한다고 노동신문은 전했다.

북한은 현실과 거리가 먼 동북아 지역 안전협의회에 어떠한 관심도 기울이지 않을 것이지만 미국과 일본의 즉각적 공격의 위협을 효과적으로 대처하기 위한 방어를 강화하기 위해 모든 가능한 노력을 기울일 것이라고 노동신문이 전했다.

DPRK(Democratic People's Republic of Korea)는 북한의 공식 영문 명칭이다. 6자 회담 참가국은 남한, 일본, 러시아, 중국, 미국 및 북한이며 다자적 협상을 위해 실무단 조직 구성이 합의되었다. 회담은 2월중에 베이징에서 개최되었다.

북한 핵 야망을 유발시킨 한반도의 핵무기 교차상태를 진정시키기 위한 노력으로 회담을 하였다. 동북아시아에는 무력에 의존하여 지역 주도권을 노리느 미국과 이에 반항하는 전략 세력의 존재할 뿐이다. 조선중앙통신 보도에서 노동신문은 "일본과 남한에서 미군이 철수하지 않는 한 지역 국가간의 불신은 절대 사라지지 않을 것임을 증명한 것"이라고 말했다.

정치적 난관을 넘어

북한은 요즘 미국으로부터 서면 안보 보장도 괜찮다던 입장과는 다소 상충되는 행동을 보이고 있다. 작년 12월 9일 외교부 대변인은 성명을 통해 "미국은 북조선-미국간의 불가침 조약 체결에 난색을 표하고 있다. 만약 미국이 조선민주주의 인민공화국과의 평화 공존을 인정하고 핵에 대한 북조선측의 일괄 타결 제안을 받아들인다면 부시대통령의 '서면 안보 보장'을 허락할 용의가 있다"고 발표한 바 있었다.

2002년 10월 핵으로 인한 대치가 시작되면서 북한은 핵 문제 해결을 위해서는 북·미간 불가침 협정이 필요하다는 입장을 분명히 해왔었다. 10월 25일 북한 외무부는 성명을 통해 "다음의 조건이 만족되는 경우 조선민주주의 인민공화국은 핵 문제에 대한 타협점을 찾을 준비가 되어있다.

첫째, 미국이 조선민주주의 인민공화국의 주권을 인정하고,

둘째, 미국은 조선민주주의 인민공화국을 침입 의사가 없음을

명확히 하며,

셋째, 미국은 북조선의 경제 발전을 저해하지 말아야 한다."고 밝혔다. 비록 좋은 의도였는지는 몰라도 정치적 맥락에서 볼 때 이를 바라보는 시선은 긴장과 의구심이 뒤섞인 가운데 조심스러울 수밖에 없었다.

핵 대치 상황은 북한 관리들이 북·미간에 오랫동안 중단되어 온 대화를 재개하고자 방북을 방문 중인 미 특사에게 우라늄 농축 프로그램의 존재를 인정하면서 다시 불거졌다. 양국간의 대화는 1994년 채결된 북미기본합의문(Agreed Framework)을 북측이 어기면서 결렬되었다. 북미기본합의문은 북한의 핵무기 프로그램의 동결과 그 대가로 경제 원조를 제공하는 내용을 골자로 하고 있다. 북한 당국은 핵 시설에 대한 공개를 거부했다. 두 차례의 6자 회담 이후 중국의 중재에도 불구하고 북미간의 입장차는 좁혀지지 않고 있다.

이선의 국면은 다자간 협상 틀 안에서 북핵 문제를 해결하기를 원하고 있으나 북한은 미국과의 일대일 협상을 통해 본 문제를 해결하고자 한다. 미국은 또한 북한의 핵무기 프로그램이 "완전하게 증명할 수 있도록, 그리고 다시 재개될 수 없을 정도로" 해체된 후에야 경제 원조를 제공할 수 있다고 말하는 반면 북한은 이 문제가 동시에 실행돼 원칙에 일괄협상 방식으로 해결되어야 한다고 주장하고 있다.

남북관계

북한은 지난 수십 년간 주장해 왔던 남한에서의 미군 철수와 미국과의 평화 협상을 동시에 언급함으로써 서울에 있는 북한 전문가의 이목을 집중시켰다. 그러나 북한의 이 두 가지 요구사항은 미국으로서는 받아들일 수 없는 요구이다. 또한 북한은 이 시점에서 미군의 일본 철군까지 주장함으로써 향후 6자 회담의 전망에 대한 암운을 드리웠다.

작년 12월 9일 북한은 성명을 통해 "미국은 북조선을 '테러 지원 국가'로 분류한 입장을 철회하며, 정치/경제/군사 금수 조치를 중단하고, 미국 및 주변 국가의 중요 및 전략 공급과 같은 중단된 에너지 원조가 재개해야 한다.

이런 사실이 전제될 때 북조선민주주의 인민공화국은 자국의 핵 활동을 중단할 것이다"(연합뉴스)라고 밝힌 바 있다.

북한은 남북 이산가족 상봉 프로그램을 취소하였고, 남측 대표가 북한 김정일 지도자에 대해 불경한 태도를 취했다고 주장하며 북한 금강산에 머물고 있는 남측 이산 가족들과의 북한 가족 상봉 계획을 일방적으로 취소하였다.

이렇게 북측이 일방적으로 이산가족 상봉 프로그램을 취소한 것은 지난 2000년 8월 이산가족상봉을 재개한 이래 처음 있는 일이다.

문제의 발단이 된 사건이 일어난 것은 점심 때쯤이었다. 남측 접식사 직원이 북한 사람들에게 남한에서 "천출(chonchul)"이라는 단어는 "하늘이 보낸 자, 출중한"이란 뜻도 있지만 "점이 낳은 자식"이란 뜻도 있다고 말했다고 남측 대표단과 남측 이산가족 대표들은 전한다. 북한에서 "천출"은 "훌륭한 장군"으로 김정일을 칭송하는 말로 알려져 있다.

남측 당사자는 산의 바위에 "천출 위대한 장군"이라고 새겨진 문구를 보고 이런 말을 했다고 한다. 북측은 이날 3시에 남측 이산가족들의 금강산 합동 투어 일정을 취소하였고, 남측의 사과를 요구하며 다른 프로그램들도 취소할 수 있다고 으름장을 놓았다. 사태를 수습하고자 남측 접식사 대표들은 북측 대표를 만나 그 말은 농담에 불과하다며 예정대로 3시에 관광 일정을 진행할 것을 요구했으나 끝내 뜻을 관철시키지는 못했다.

그 결과 남북의 이산 가족 대표들은 서로 만나지도 못한 채 금강산에 있는 각각의 숙소에 머물러 있어야 했다. 북측은 납측의 불미스러운 일이 발생한 것에 대해 유감의 뜻을 표하자 다음날 이산 가족들을 위한 송별잔치를 개최하는 것에 합의하였다. 이 사건은 남북한이 북한의 유명 관광지의 하나인 금강산에 납한 사람이 방문한 것과 관련해 두 번째로 발생한 사건이었다.

민감한 북한

1999년 6월, 한국 여성 관광객이 6일 동안 북한에 억류됐다가 북한 가이드에게 탈북자들이 한국에서 행복하게 살고 있다는 말을 한 후였다. (연합뉴스) 북한은 한국의 사법 행동을 비난해왔다. 더구나 북한은 남북한 양국 정상회담 바로 전, 한국 법원이 북한에 자금을 보내는 데 주된 역할을 했던 전 공직자들에게 유죄판결을 내린 일에 대해 비난했다. 그들 중에는 김대중 대통령의 안보 고문으로 2000년 6월 중순 김정일 국방 위원장과의 회동을 위해 북한을 방문했던 임동원씨도 있다.

정상 회담에서는 여전히 냉전 상태에 있는 양국의 화해과 협동을 요하는 공동선언이 제시됐다. 북한은 조국평화통일위원회를 통해 3월 4일 성명을 발표했고 5일 후 북한 노동당 간행지인 노동신문 사설에서 다음과 같이 설명했다.

한국 대법원의 사법 행동들을 "화합 성취와 남북통일이라는 명목으로 장애를 설치하는 반국가적 행동"이라고 비난했다. 위원회는 또한 '남한 사법 당국은 조국 동포의 소망따위는 안중에도 없는 범죄자들이며, 또한 국가를 좀먹는 도둑도 보지 않으며 하고 싶어하는 도둑을 국회에 군림하게 하면서 도둑들에게 자금을 지원한 사람들에겐 갈을 휘둘렀다고' 말했다. 입장문과 다른 세 명은 외환관리법을 위반하고 한국의 북한 합심 사업 파트너인 현대 그룹이 한국산업은행에서 돈을 빌려 북한에 4억 5천만 달러를 송금했기 때문에 유죄를 선고 받았다.

노동신문은 또한 다음과 같이 비판적인 입장을 취하고 있다. '이 사건으로 우리는 남한 사법 당국은 애국자를 범죄자로 간주하고 조국 동포의 열망과 소망을 무시한 채 국수주의적 억압에 호소하는 반동임, 국수주의적 모순 집단'이라는 결론을 얻었다.' 또한 노동신문은 '이 내용을 과장이라고 생각하는 사람은 아무도 없다.' 고 덧붙였다. (연합) 양국은 4월 8일부터 10일까지 철도회담을 열기로 계획했다. 남북한은 4월 6일 남한의 군사훈련과 지도자 자질

문제로 연기되었던 경제 및 기타 협의 회담을 재재하는데 동의했다고 서울의 한 관련자는 말했다.

대화의 중단

북한은 한국 국회의 대통령 탄핵과 한미 공동 군사 훈련을 들어 3월에 열기로 했던 대화 계획을 일방적으로 중단했다. 북한은 4월 8일부터 10일까지 계획을 다시 세워 개성에서 남북을 가로지르는 교통로선 재 연결을 목적으로 하는 회담을 제안해왔다. 4월 6일 남한은 판문점을 통해 북한의 제안을 수락한다는 전화 메시지를 보냈다. 두 나라는 후에 회담에 참석할 대표자 명단을 교환했다.

또한, 같은 날 남한은 4월 20일부터 22일까지 연기된 경제 회담 재개의 돌틈을 파주에서 다시 열자고 제안했다. 북한은 남측의 제의를 수락했다. 비록 대화가 북한 핵무기 프로그램 때문에 계획들이 대부분 제안될 것이지만, 동의안은 중단되었던 상호양국의 대화를 제자리로 돌려놓았다.

(연합) 2004년 4월 2일자 노동신문 사설이다.

최근 미국과 다른 몇몇 나라들의 관심은 핵 문제 해결을 위한 여러 가지 기본 방향을 제시한 동북아시아 안보기구 구상에 있다. 그러나 이것은 현실성과 또렷이 미정숙한 생각이다. 동북아 내외의 즉각적인 과제는 적대관계의 불신을 없앰으로써 지역가 간의 신뢰를 확립하는 일이다. 동북아 안보기구 창설에 따른 논쟁이 화제로 미래에 착수될 것이다. 동북아의 과거와 특정 상황에서 다변 안보기구를 설립하는 것은 역사적 경험에 비추어 현 단계에서 이 문제를 토론하는 것은 이론 뿐인 논쟁에 불과하다. 신뢰 구축이야말로 집단 안보의 초석이 된다. 오래 지속된 심각한 불신과 대결 구조로 특징되는 동아시아의 비정상적인 현실은 아직 국가간의 협력 신뢰의 균형 확립을 불가능하게 하며 이것이 지역 안보기구 설립에 대한 생각을 저해한다. 동아시아에는 대규모 무장군에 의존하여 지역 패권을 추구하려는 미국과 그런 미국에 반대하는 전략적인 힘 사이의 모순과 경쟁만이 존재한다. 이것들이 지역안에 서로 경쟁하면서 서 있는 힘이다.

불신의 제거

미군이 일본과 한국에서 철수하지 않는다면 주변국가들 사이의 불신은 제거될 수 없을 것이다. 주변 국가들 중 군사적 영역이 한반도의 평화와 안정이 보장되고 핵전쟁의 위험에서 벗어나기 위한 미국의 움직임이 조성된다면 무엇보다도 먼저 미군은 남한에서 철수해야 한다.

미국과 일본은 조선인민공화국의 침략전쟁 대비에 단호하고, 전쟁의 위험은 그들 때문에 더 커지고 있다. 이러한 위험한 상황아래 북한과 미국, 북한과 일본의 외교적 관계가 성립될 수 있다는 생각은 상당히 무의미한 것이다.

주변 국가들의 복잡한 상황은 이러한 착상이 단지 객관적인 현실을 무시하는 주관적인 원한이라 할 수 있다. 북한은 현실과는 거리가 멀지만 미국과 일본의 즉각적인 공격 위협에 대처하는 자기 방어 능력을 증진시키기 위해 노력하는 서북아시아 안전조직의 착상에 주목하지 않을 것이다.

다음은 2004년 4월 1일에서 7일까지 북한에서 일어났던 사건을 연대순으로 나타낸 것이다.

(1) 북한 전역의 학교에서 신학기의 시작을 기념하는 입학식을 거행했다. 북한 지도자 김정일은 농림부 부장관인 최상배의 유족들에게 화환을 보냈다. 북한 적십자사 대변인은 남한에서 장기 북한한 북한인민들을 돌려보낼 것을 남한측에 성명을 발표했다. 노동당 중앙위원회 비서인 김기남은 중국 공산당 대표 젠신리와 평양에서 회담을 가졌다.

전 북한 지도자 김일성의 이름을 딴 김일성 추모 전시회가 4월 15일 생일을 기념하기 위해 평양에서 개최되었다. 백남순 외상은 신임 북한 주재 베트남 대사인 판 트룽 타익와 평양에서 회담을 가졌다.

KCNA에 의하면 최근 김정일은 인민군 1056부대에 소속된 여군부대를 점검하였다.

지속적인 사안에 대한 리뷰

(2) KCNA에 의하면 3월 21일 리버미아에서 북한의 지도자인 김일성의 92번째 생일을 위한 준비위원회가 발족되었다.

조국평화통일위원회 대변인은 미국과 남한의 보수 세력이 4월 15일 총선을 저지하기 위한 계획을 가지고 있다고 주장했다.

북측 변호사위원회는 2002년 9월에 개최된 정상회담 동안 발표된 북일 평양 선언에 반대하는 범죄행위로서 우발적인 법을 채택하는 일본의 움직임을 비판하는 백서를 공표하였다.

KCNA에 의하면 4월 1일부터 이틀 동안 평양의 외곽에 위치한 순수건열 묘역에서 전 최고 인민회의 부의장인 장철을 포함한 여섯 명의 원로 공직자를 안장하였다.

남북경제협력증진위원회의 북측 의장인 최용군은 남측 의장인 김광림에게 남북과 북한 사이로 흐르는 임진강의 홍수를 막기 위한 3차 회담을 제의하였고, 또한 남북한 간을 연결하는 철도와 도로를 위한 4차 회담을 제의했다. 최고 인민간부회의는 북한 주민들에게 지도자에게 충성심을 고취하는 데 기여하는 인민군의 문화적 예술적 분야에 있어서 감사장을 수여하기위한 식을 거행했다.

(3) KCNA에 의하면 캄보디아 국왕 노로돔 시하누크는 전 북한 지도자 김일성의 생일 축전 행사에 참여하기 위해 곧 북한을 방문할 것이다. 제 9차 이산가족 상봉이 금강산에서 3월 29일부터 6일간 이루어진다. 중국 공산당 대표단은 5일간의 북한 방문을 끝내고 평양을 떠났다.

(4) 북한 중앙 방송에 의하면 22번째 4월 봄 우호 예술축제가 4월 10일부터 18일까지 평양에서 개최될 것이다. 1년에 한번씩 열리는 이 축제는 1994년 7월에 사망한 김일성의 생일을 기념하기 위해 개최된다. KCNA에 의하면 김정일은 인민군 580부대 산하에

있는 (7월 18일) 소목장을 최근 점검했다.

희망을 주는 대화들

(5) 양호십 최고인민회의 부위원장은 판 트롱 타이 주북한 베트남 신임 대사와 평양에서 회동했다. 백남순 외상은 알랏 윌리엄 토마스 주북한 신임 호주장관과 평양에서 만났다. 노동신문은 사설에서 남한의 재판부가 2000년 남북 회담 이전 불법 대북 송금이 있었다고 결정했을 것을 통일을 저해하는 잘못된 행위라며 비판했으며, 이는 남북간 화해에 인위적인 장애물들을 두는 처사라고 밝혔다.

(6) 행정부 국무 신문인 민주조선은 일본의 외교활동에 대한 연례 '청서'에서 북한 핵 문제를 일본 주의 정치적 불안 요소로 규정한 것은 정치적인 음모라고 비난했다. KCNA는 논평을 통해 미국 국방부가 제시한 '1-4-2-1 국방 정책'은 선제공격을 가능케 하는 핵공격 전략으로 동시에 여러 나라를 공격할 수 있을 뿐 아니라 주로 북한과 중국을 목표로 하고 있다고 경고했다. 중국정부의 문화대표단과 과학학단은 4월 22일 개최되는 김일성 주석을 기리는 봄친선 축제에 참가하고자 평양에 도착했다.

최태복 최고인민위원회 위원장은 판 트롱 타이 주북한 베트남 대사와 평양에서 회동했다. 금강산의 신계사 복원을 위한 기공식이 거행되었으며 남북한 불교 관계자들이 참석하였다. 신계사는 1950~53년 한국전쟁 당시 미 공군의 공격으로 파괴되었으며 서기

519년에 건축되었다.

(7) 평양의 무역총연맹 회원들은 북한의 김정일 지도자가 국방위원회 회장으로 선출된지 11주년을 기념하는 행사를 개최하였다. 김정일 지도자는 1993년 4월 9일 제9차 최고인민위원회의 5차 회기 3일째 되는 날 회장으로 선출되었다(연합통신).

한반도의 분단은 남북간의 이산가족이 지난 50년간 분단된 채 살아왔어야 했다는 불행한 사실을 초래했다. 정치적 분열이 친족간의 분단으로 이어져야 했다는 사실은 같은 핏줄을 나눈 가족이 서로 떨어져 살아야 한다는 사실 뿐 아니라 서로 소식조차 교환할 수 없었다는 점에서 불행한 일이 아닐 수 없다. 현재 이산가족은 그 무엇보다도 상봉을 원하고 있다.

이산가족 상봉

올해 66세의 박원대 할아버지는 평생을 아버지를 원망하며 살아왔다. 박씨의 아버지는 50년 전 한국전쟁 중 실종되었다. 그러나 그는 이제 북에 계시는 아버지를 만날 생각에 들떠있다. 박씨와 그 가족들은 이번에 금강산에서 북측 이산가족을 만나게 되는 남측 상봉단 450명에 속해 있다. 금강산은 북한의 동해에 있는 휴양지로 이번 상봉은 2004년 4월 1일 개최되며, 한국전쟁 이후 금강산에서는 처음으로 북한의 가족들과 3일 일정의 상봉이 예정되어 있었다. 박씨 가족은 전쟁 중에 아버지가 돌아갔다고 믿고 있었고 지금까지 매년 9월에 제사를 지냈었다.

"아버지와 전쟁에 대해 평생 한을 품고 살아 왔습니다. 왜 나는 친구들처럼 아버지가 없는 것일까 괴로워했습니다. 그런데 아버지가 북에 살아계신다는 소식을 들으니 얼마나 다행이라는 생각이 들던지…"라고 박씨는 연합 뉴스와 가진 인터뷰에서 말했다. 올해 95세인 박씨의 아버지 박관석씨는 일본 오사카에 있는 대학을 졸업하였고 1950년 서울의 건설부에 근무하였다. 그러나 그 해 전쟁이 발발하면서 건설부에서 제공하는 관저에서 숨어 지내왔다. 후퇴하는 한국군에 의하여 1950년 9월 박씨는 포로가 되었다. 이 당시 미국 맥아더 장군의 인천 상륙작전이 성공하면서 북한군은 북으로 퇴각하고 있었다.

인천 상륙작전의 결과 전쟁의 판세는 U.N. 군에게 유리하게 변했고 북한군은 퇴각을 계속하였다. 전쟁 발발 2년 전 박씨의 나이는 8살이었다. 병을 앓아 휴양 차 어머니의 고향 진주로 보내졌고 그곳에서 학교를 나왔다. 박씨가 기억하는 아버지에 대한 기억은 어머니의 고향으로 보내지기 전의 기억뿐이었다. 그는 동생과 함께 서울 중심에 있는 용산 근처의 학교에 다녔었다. 박씨는 학교 소풍가기 전 도시락 준비와 신발을 사기 위해 아버지와 함께 장에 갔던 것을 기억한다. 그러나 그 후 아버지에 대한 어떤 소식도 듣지 못했다. 이야기를 듣는 것만으로도 매우 슬픈데 이를 겪은 사람의 고통을 이루 말할 수 없었을 것이다.

박씨 가족은 지난 달 접적지에서 아버지가 북에 생존해 있으며, 이번 이산가족 상봉 때 납측 가족들을 만나고 싶어한다는 전화를 받고 때까지 고통스러운 나날을 보내왔다. "저는 아버지께서 연세가 드셔서 돌아가셨겠지" 하고 생각을 했어요. 이게 꿈인지 생시인지 모르겠습니다"라고 박씨는 말한다. 박씨는 현재 폐암을 앓고 있다. 지난 2000년 역사적인 남북 정상회담이 개최된 이후 9번째로 개최되는 이번 이산가족 상봉은 정상국가인 북한의 핵무기 이슈에 따른 긴장감이 감도는 가운데 남북이 추진하고 있는 가장 가시적인 화해를 위한 프로젝트라고 할 수 있다.

두 단계에 걸친 상봉

이번 남북 이산가족 상봉은 두 단계에 걸쳐서 진행된다. 제1차 행사는 100명의 남측방문단과 그들의 북측 일가친척 250명으로 구성되며 2004년 3월 29일부터 31일에 열릴 예정이다. 제 2차는 100명의 북측 선발자들이 450명의 남측 가족들을 만나게 되며, 2004년 4월 1일에서 3일에 진행된다. 남한측 상봉단은 컴퓨터 추첨을 통해 선정되었다. 북측은 상봉명단 선정 방법에 알려지지 않았으나, 과거의 상봉단의 경우 교사, 예술인, 정부관리 등의 지명인사 위주로 이루어졌다. 이산가족들은 오랜동안 떨어져 살아왔던 가족 친지들에게 사실 간의 짧은 상봉을 끝으로 평생 언제 다시 볼 수 있을지 거라는 기약도 없이 일정 작별을 고해야만 하기에 상봉은 감정의 복받치는 행사였다. 3년 간의 전쟁 이후로 북측의 금강산은 봉인되었다. 금강산은 북에서 정권의 허가가 아니고서는 어떤 인간의 출입도 금지되어있다. 정부당국이 어떻게 이런 일을 국민들에게 지켜줄 수 있는지 깨닫는군일이다. 국민들의 고통을 덜어주는 커녕 고통을 더 하는데 앞장서고 있는 것이다.

85세의 이기남씨는 상봉에 대한 기대로 매우 상기되어 있었다. 이씨는 이번 달 말의 1차 가족 상봉을 통해 중공군이 북한군의 남하에 합류하였던 1951년 1월 이후 전쟁의 소용돌이 속으로 남겨두고 떠나야 했던 아내와 아이들을 만나기로 되어있다. 연합뉴스와의 인터뷰에서, 남도의 항구 진해시의 집에 있는 이씨의 아들 이승현씨는 아버지 이기남씨가 입버릇처럼 "죽기 전에 북에 가서 가족들을 보는게 소원이다."라고 말하곤 했다고 했다. 남한에서 재혼한 이기남씨는 먼저 남쪽에서 자리가 잡혀진 1951년에 북쪽에 있는 가족들을 데리러 올 생각이었다고, 51세의 남한 쪽 아들 승현씨가 말했다. 그러나 전쟁과 잇따른 한반도의 분단은 이씨가 남북의 경계선을 다시는 건널 수 없게 했다.

수백만의 한국 가족들은 1953년의 한국전쟁 후 곧게 닫힌 남북의 경계로 인해 갈라진 채로 살아가고 있다. 두 개의 한국은 평화협정 대신 휴전협정으로 분쟁을 종식하였기에 기술적으로는 아직 전쟁 상태라 할 수 있다. 남북 이산가족 문제를 맡아온 대한적십자에 따르면, 남한만 해도 123,000명이 상봉한 참여를 신청하였으며, 이중 20,000명은 이미 작고하였다. 대부분의 신청자들은 고령이기에 삶이 얼마 남지 않은 상태이다. 남한 측 인사에 따르면, 서울은 이산상 가족 수를 늘리고자 하나 평양 측은 이를 아직 꺼리는 형편이다.

가족상봉의 기쁨

현재까지 남북 모두 합해 겨우 8,051명의 이산 가족들만이 적십자회담을 통해 일시적으로 재회했다. 가족 상봉 행사를 늘리기 위한 움직임 속에서 북한은 2005년 상반기에 금강산에 영구적인 면회소를 건립하기로 지난 11월 동의하였다. 김정식은 이르면 6월로 예정되어있다. 남과 북은 추석과 같은 공동의 주요 명절 위주로 1년에 평균 세 차례에 걸친 가족 상봉 행사를 가져왔다. 이는 가족의 재결합을 향한 끝없는 밑기름이 되어왔다.

우리는 남북의 통일을 다루는 과정에서 절대적인 권력과 막강한 영향력을 지닌 한 사람, 김정일을 엄두 해야 할 필요가 있다. 만일 남한이 그의 스탈린적인 정권을 원조와 산업개발로 지원한다면 세계는 김정일을 수용할 수 있을 것인가? 이러한 질문은 곧 논쟁의 여지가 있게 될 것이다. 남한의 보수 집권 대통령은 협약을 통해 추진하겠다고 밝혔다. 그러나 북측의 핵 동결에 대한 거절은 남한의 대북 지원을 낭송으로 만들고 있었다. 더구나 정부가 비밀리에 현대아산주식회사를 통해 북한에 공적 자금을 지원한다는 주장에 대한 정치의혹은 이를 더 어렵게 하고 있다.

또 다른 "햇볕정책"의 실패: 230억 달러의 개성 공업단지 조성 착공이라는 모델 남북 합작회사 건립은 무기한 연기되었다. "이렇게 거대한 규모의 자금투자와 기업 이전 끝에 그 사업이 실패하면 어떻게 되는 겁니까?" 코리아 랜드(Korea Land) 국영 해외사업 담당 대표 공장두씨는 반문한다. 남한 국민들은 점점 더 북한을 돕는 것에 대해 선의의 자금을 불순한 곳에 쏟아 없애 버리는 것으로 생각한다.

여기엔 지금까지의 평화에 대한 대가가 있다. 남한과 북한의 수많은 이산 가족들은 남한 정부가 이러한 상황을 개선시키는데 최선을 다하도록 만들어왔다. 이러한 목적을 위해 자선, 관광, 산업에서부터 교통부문과 현금지원 등의 다단계의 사업들이 진행되어 왔다.

남한의 선의의 제스처

기부: 서울은 지난 5년간 북한에 총 12억 달러에 해당하는 식량과 비료 그리고 기타 원조품을 지원해 왔다고 통일부는 밝혔다.

관광: 그것은 지난달 비무장지대(DMZ: Demilitarized Zone)를 통해 새로운 육로로 버스를 이용한 방문객을 받았던 현대 아산의 금강산 관광사업 4억 달러를 포함한다. 현대 아산은 이 프로젝트를 개발하면서 파산 지경까지 갔기에 정부는 금강산 관광사업 비용을 보조기로 하였다. 현대 아산은 또한 금강산 부근에 호텔과 기타 시설을 짓는데 1억 4000천 달러를 썼으며, 현재 투자자들로부터 1억 9천 달러를 모금 중이다.

산업: 산업공단, 관광시설 그리고 공영주택단지를 포함하는 개성 특별경제지구를 설립하기 위해 북한을 다독여 그럼에도 벗어나게 하려는 의도를 가진 한국으로서는 엄청난 대가를 지불해야 한다. 230억 달러로 추정되는 설립비용에 주요 발전소나 통신 인

프라 구축비용은 포함되어 있지 않다. 한국은 현재 1차로 1억 7천 3백만 달러의 기금을 조성하고 있다. 나머지 기금은 은행이나 투자자 그리고 납세자들로부터 조성되길 바라고 있는 실정이다.

운송: 문산과 비무장지대(DMZ)를 잇는 새로운 철도시설에는 7천9백만 달러의 비용이 소요된다. 한국은 현재 북한에 건설장비를 대여해 주고 있고 북한은 아직까지 철도시설을 완공하지 못하고 있다.

현금제공: 현대그룹의 상속자 중 한 명인 현대 아산의 정몽헌 회장은 올 초에 현대가 개성 특별경제지구 건립 프로젝트를 포함하는 사업 승인권을 획득하기 위해 북한에 5억 달러를 비밀리에 전달했음을 인정했다. 그 돈은 아마도 한국과 북한의 2000년 6월 당시의 획기적인 고위급 정상회담에 상당한 영향을 행사했을 것으로 추정된다. 현대는 중앙은행에서 5억 달러 중 1억 9천 4백만 달러를 빌렸지만 아직까지 그 나머지 금액을 조성한 경위가 밝혀지지 않고 있다. 야당인 한나라당 소속의 의원들은 그 모든 자금은 국고에서 유용된 것이 틀림없다며 비난하고 있다. 김대중 전대통령은 그 사실을 부인했지만 얼마전 노무현 대통령은 특별 조사위원회를 발족시켰다.

모든 사람을 승자로 만드는 통일

한국전쟁이 종전된 후 47년 동안 비무장지대(DMZ)는 타지역에서 멸종된 동·식물의 피난처가 되어왔다. 30년 전에 비해 두 배로 증가한 한국의 인구 성장은 심각한 대기오염과 서식지 파괴라는 결과를 낳았고 반면 북한에서는 대규모 벌목작업이 진행되어 홍수와 토질 오염의 심각한 피해를 남겨왔다. 비무장지대(DMZ)는 생태학적인 균형을 회복할 수 있는 유일한 단처라 할 수 있다. 남·북한이 서로 협력한다면 상호간에 이익일 뿐만 아니라 모두 승자가 될 수 있다.

비무장지대(DMZ)에는 현재까지 1,200여 종의 식물과 83종의 어류(18종은 그 지역에만 서식) 그리고 멸종위기의 조류 두 종인 두루미와 재두루미가 서식중인 것으로 밝혀졌다. 반달가슴곰, 사향노루, 표범과 심지어 한국산 호랑이가 아직도 비무장지대(DMZ)에서 서식하고 있을지도 모른다. 그리므로 전쟁으로 조성된 보호지구인 비무장지대(DMZ)는 멸종위기에 빠진 동·식물의 보호와 남북한의 화합을 위하여 쓰여져야 하며 그렇게 될 경우 정치적, 생태학적으로도 큰 함의를 가질 수 있다.

한국 태백인 김길승 생태학자는 비무장지대(DMZ)를 평화공원과 생명동물 보호구역으로 지정하자는 의견을 제시했다. 그의 말에 따르면 전쟁으로 희생된 사람들의 위한 공동기념관을 건립하고 과거보다는 오히려 창조에 참여할 기회를 양국에 제공함으로써 남·북한의 새로운 관계를 공고히 할 수 있다고 한다.

통일한국의 전망

지금까지 언급된 것을 고려해 볼 때, 현존하는 엄청난 장애에도 불구하고 통일한국은 현실화될 수 있다는 것이 명백하다. 이러한 장애는 양국의 주요한 이해관계를 놓고 볼 때 충분히 극복될 수 있는 사안이다.

남·북한은 같은 문화와 같은 언어권을 가지고 있다. 통일 한국의 미래를 내다 볼 때 이 사안은 가볍게 넘길 수 있는 사안이 아니다. 사실, 통일에 관한 문제를 놓고 남·북한이 모두 투표를 할 경우, 독일의 경우처럼 통일을 찬성한다는 표가 압도적으로 많을 것이라고 보는 너무나 자명한 일이다.

이런 상황에서 야기되는 문제는 다음과 같다.

남·북한을 계속해서 통일되지 않도록 하는 요인은 무엇인가? 외부의 간섭으로 야기된 정치라는 대답은 너무나 자명하다. 이러한 점에서 우리는 러시아, 미국, 중국 그리고 일본의 주요한 이해관계에 대해 언급하지 않을 수 없다.

아이러니컬한 점은 그 4개국은 자신의 나라가 분단국가가 되는 것을 결코 원하지 않는다는 사실이다. 러시아는 자주독립을 원하는 체첸과 전쟁을 선택했다. 중국은 티벳의 독립이나 자체에 대한 문제에 너무나 민감한 반응을 보여준다. 하와이의 구 왕정을 회복하려는 움직임이 있을 경우, 미국은 결코 하와이의 자주독립을 허가하지 않을 것이다. 일본은 러시아가 앗아간 북쪽영토를 회복하려 노력하고 있다.

한국민들은 통일을 원하고 남·북한은 국민들의 염원을 이루기 위해 모든 노력을 경주해야 한다. 통일한국을 위해 고려되어야 할 여러 사안들 중 하나는 한반도 내에 어떠한 제 3국의 군사시설도 모두 없어져야 한다는 것이다. 그렇게 될 때 통일 한국은 경제 개발과 번영, 안정과 평화에만 집중할 수 있다.

비무장지대에 "UN이 참여하는 평화도시"를 건설하자

약자로 표기되는 DMZ(Demilitarized Zone)란 남북한을 갈라놓은 비무장지대를 말한다. 반세기 이상 남북의 첨예한 대립과 긴장의 상징인 이곳에 평화도시를 건설한다는 것은 상징적인 의미를 넘어 더 큰 의미를 갖는 일이다.

평화도시가 실현된다면 냉전시대의 마지막 대립과 긴장관계에 있는 남북한을 화해와 공존의 관계로 연결시켜주는 평화의 다리 역할을 할 것이다.

전쟁없는 평화공존의 지구촌 건설을 위하여 한반도 문제가 동북아평화에 직·간접적으로 그리고 세계평화에 막대한 영향력을 미칠 것을 생각하면 남북문제야말로 우리의 문제만은 아니고 전 지구촌의 기아 난민과 함께 중요한 문제일 것이다. 식량위기로 인해 수백만 지구촌사람들이 현재 이 시간에도 굶주림과 빈곤에 고통스러운 나날을 보내고 있다.

이로 인한 만성영양실조로 고통받는 사람들의 숫자는 전 세계적으로 약 8억4천만 명이나 된다고 한다. 이제 기아문제는 운명이 아닌 인류전체가 행동을 취하여 해결하여야 하느냐 또는 무대책으로 방관하여야 하느냐는 기로에 놓여 있다고 생각된다.

UN보고서를 보면 수단, 에티오피아, 아프가니스탄에서 가장 심각한 기아문제가 대두되고 있으며 최소한 38개 국가 특히 아프리

카에 점증된 기아문제는 이제 매우 심각한 지경까지 도달했다는 것이다.

특기할 것은 팔레스타인 거주지역의 난민들이 외부에 의존하던 식량과 구호품이 이스라엘에 의해 수급에 지장을 받아 적지 않은 팔레스타인들이 고통을 받고 있다는 것은 정말 안타까운 일이다.

난민문제와 관련 불자든 유엔과 국제사회는 중동지역에 흩어져 있는 4백만여 명으로 추산되는 팔레스타인 난민문제에 대해 좀 더 적극적이고 실효성 있는 대책을 세울 것을 다시 한번 강조하고 싶다.

최근 제네바에서 열린 팔레스타인 난민 돕기 국제회의에서는 참가국들과 국제단체들이 약 1천만 불을 팔레스타인인들을 위해 지원키로 했다고 한다. 이는 매우 고무적인 일이라고 생각한다. 팔레스타인 난민을 돕기 위해 1949년에 설립된 국제연합 산하기구 United Nations Relief on Works Agency for Palestine 약칭 UNRWA이 주도한 이번 회의는 그밖에도 팔레스타인 어린이들에 대한 교육시설의 개선책은 물론 보건문제 등도 논의했다고 한다.

이는 인도주의적인 견지에서 매우 잘한 일이다. UNRWA에는 요르단·레바논·시리아와 요르단 강 서안(西岸)·가자지구에서 약 400만 명의 난민이 등록되어 그들에게 교육 원조를 하는 활동 외에 직업훈련과 식량 원조를 하고 있으며, 자금은 자발적 각출에 의존하고 있다. 82년 이스라엘의 레바논침공 시에는 긴급계획(600만 달러)을 실시했다.

이스라엘과 팔레스타인해방기구(PLO)의 평화 합의에 따라 93년 9월에는 여러고·가자와 경제·사회개발을 목적으로 UNRWA, 국제연합개발계획(UNDP) 등을 중심으로 하는 특별팀이 발족되었다.

본부는 요르단의 암만에 있으며 25,000명의 스탭을 거느리고 있으며 그들 대다수 역시 난민들이다.

인류는 끊이지 않는 문제를 가지고 생존하기 위한 갖가지의 분쟁을 지속해왔다. 앞으로도 많은 갈등과 분배, 공평성 이해관계에 따른 문제점들을 UN을 통해서 우정과 협조 그리고 제도로써 해결하는 방법은 지금 현재로서 가장 좋은 방법이며 현실적이다.

필자는 분쟁지역에 있는 모든 국가들이 UN에 참여할 것을 권장하고, UN은 전 세계에 이러한 정책제도의 확대를 신중히 검토하여 적극적으로 펼쳐 나아가기를 희망하며, 그 속에서 회복을 갖고자 한다. 분쟁이 있는 곳에 중립적이고 전 세계인의 참여 속에 평화도시건설을 이룩하여 오히려 발전의 장소로 탈바꿈 시켜 평화의 모델을 만들자는 것이다. 그러하여 전 세계 분쟁지역에 잘 적용시킨다면 전 세계 평화정착에 좋은 방법이 되어 인류평화와 번영에 이바지 하여야 할 것이다.

한반도 남북이산가족 문제에 대해서 금강산에서 부분적(약 100명 정도) 만남도 좋은 방법이었지만 북측의 나라경영에 특히 북한국민의 여러 가지의 의식차원인 자극을 피하기 위하여 부분적 정책을 펼칠 수밖에 없는 북측의 입장에 운영의 기법에 따라 좋은 방법을 모색하여 북측이 운영관리 하면서 다양한 제도에 적응함으로써 변화의 물결에 발전하는 이익을 창출하여 취득할 수 있으리라 생각된다.

이런 관점에서 현 휴전선일대에 세계인과 함께 하는 평화국제문화관광도시를 건설하여 양국이 통치 운영하는 기구(수상 및 장관급) 평화도시를 건설 하여 양 국가 간의 경제 특혜제와 다양한 협력관계를 이끌어 내어 평화가 공존하는(부분통일) 평화도시에 정착시키므로써 완충작용(긴장으로부터 평화공존)을 하게 될 것이라고 생각한다. 비무장지대는 민족간의 교류와 왕래를 끊고 민족분단의 장벽으로 자리 잡은 지 반세기이다.

그리고 남과 북의 100만 명에 가까운 군대가 방앞으로 비무장지대를 사이에 두고 총부리를 겨누고 있으니 이것이 바로 우리 한국의 안보 현실인 것이다.

비무장지대는 1953년 7월 27일 휴전협정이 체결되면서 만들어진 구역이다. 155마일을 연해 새로운 군사분계선이 설정 되면서 남과 북이 각각 2km(폭 4km)씩 무장을 하지 않고 모든 군사행위 및 적대행위를 일체 중지하는 완충지대, 이른바 "비무장지대"가 만들어진 것이다.

휴전협정에 따라 설정된 군사분계선은 서쪽으로부터 개성 남쪽의 판문점을 지나 중부지역의 철원을 거쳐 강원도 고성군에 이르는 총 연장 248km로서 한반도의 허리를 가로질르고 있다. 군사분계선이라 함은 흔히 각종 군사철조망과 가시철조망 또는 철책선으로 연결된 것으로 생각되나 실제로 군사분계선은 황색의 표지판으로만 되어있다. 황색의 군사분계선 표지판 중 남쪽에서 북쪽으로 향한 것은 한글과 영어로 북쪽에서 남쪽으로 향한 것은 한글과 한자로 각각 표기되어 있다. 한국정부 당국자와 남·북한과 미국, 중국의 연합을 고려한 것이다.

그리고 표지판 하단에는 각기의 숫자가 표시되어 있는데 그 숫자는 이 표지판이 서쪽 임진강변의 0001호로부터 시작된다. 이와 같은 표지판은 약200m의 간격으로 동·서간을 연결해 총 1,292개가 설치되어 있다. 1,292개의 표식물 관리책임은 유엔군이 696개, 공산 측이 596개를 각기 관리토록 되어 있다. 흔히 철책선으로 불리어지는 철조망과 군사 시설물들은 군사분계선으로부터 각각 2km씩 떨어져 설치되어 있는데 이를 남쪽은 남방한계선, 북쪽은 북방한계선으로 각기 불리어진다. 비무장지대는 약 3억 평의 광대한 구역으로서 자연 생태계의 보고이기도 하다.

비무장지대는 탈냉전의 국제환경 속에서도 한반도에 냉전이 현존하고 있다. 또 다른 사실은 상징적으로 보더라도 민족이 아픔이란 할 수 있다. 그 일대는 세계적으로 가장 군사화가 첨예하게 진행된 지역이다. 한편, 정치 군사적 이유로 인해 민간인의 출입이 철저하게 통제된 결과 비무장지대는 군사적 목적으로 일부 훼손된 측면도 있으나 자연생태계가 그래도 잘 보존된 지역이기도 하다.

반면 접경지역에 거주하고 있는 주민들은 군사적 이유로 경제활동이 제약되어 여러 측면에서 어려움을 겪고 있는 것이 사실이며, 이것은 북한지역에도 동일할 것이다. 따라서 접경지역주민들의 생활을 향상하는 동시에 비무장지대를 평화적 환경적으로 이용하려는 노력들이 국내적으로 나아가 남북간에 시도되었지만 아직 큰 성과를 보이지는 못하고 있다.

남북한이 공동으로 비무장지역을 평화적으로 이용하려는 노력, 예를 들어 비무장지역 내 평화도시 건설, 강화도를 포함하는 경기서북지역과 개성, 해주, 몽금포 일대를 포함하는 북한의 황해남도

간 공동개발계획, 설악산과 금강산 연계관광 개발계획, 비무장지대 내 생태계공동조사 등의 사업이 북한의 소극적인 태도로 인해 진전되지 못하고 있다. 한편, 접경지역주민들의 경제활동을 지원하고 이들 지역에 통일기반을 조성한다는 차원에서 정부 합동대표단이 현장을 조사하였고, 이를 기반으로 통일대비접경지역지원 입법화를 추진하였으나 개발로 인한 생태계 파괴의 우려 등으로 인해 아직 결실을 보지 못하고 있다.

남북접경지역 및 비무장지대의 공동개발은 단순히 경제적 목적에 그치는 것이 아니라, 한반도의 긴장완화란 정치 군사적 의미를 내포하는 과제라 할 수 있다. 또한 본존된 지역의 생태계를 유지한다는 환경적 의미도 가지는 복합적인 사업이기도 하다. 따라서 향후 남북접경지역 및 비무장지대의 공동개발은 정치 군사적, 경제적, 환경적 측면에서 남북한 주민 서로가 남북지역 생태계가 공감할 수 있는 방향으로 추진되어야 하겠다.

금강산 관광사업이 이루어졌고, 남측 접경지역 및 비무장지대 내 생태계에 대한 우리의 조사가 진행되고 있으며, 국내외 민간학자 단체들이 주축이 되어 비무장지대의 평화적 생태적 이용을 위한 DMZ-Forum이 결성되는 등 공동개발을 위한 기반이 조성되고 있다는 사실을 감안하고, [국민의 정부]의 남북한 협력정책에 의한 효과한 입장을 고려한다면 비무장지역을 중심에 두는 남북한 교류 협력이 결실을 맺을 날이 곧 오리라 생각된다.

공동의 이익과 현실성에 중심성을 두고 앞으로 미래에도 도움이 된다면 우리는 한반족 깊이 생각하여 좋은 방법을 도토로 한안에 현실적으로 접근하여야 되리라 생각하며 강력한 주장을 하고 싶다. 완충작용도 할 겸 다목적 상호이익을 생각해보고, 그것이 필요하고 현실과 미래에도 도움이 된다면 정성끼리 만나서 선언하고 실행하여 새로운 한 페이지의 역사를 지구상에 만들며 인류 발전사에 기여하는 것이 될 것이다.

양쪽 지도자들이 만나서 협의하여 필요하다면 조그마한 국가(나라)를 만들든지 아니면 홍콩과 같은 평화도시를 만들어 양측이 관리 운영하고 UN이 간접적 보장하는 방법도 구체적으로 논의하여 단계적으로 접근하는 방법도 필자는 좋은 방법임을 알리고 그 속에서 이산가족문제 등을 해결하는 가장 좋은 방법이라고 생각된다.

남북화해의 기틀을 마련한 2000년 남북 정상회담 이후 재미학자인 김기창박사는 비무장지대에 평화공원건설과 휴전선지역의 오염되지 않은 자연보호를 위한 사업을 제창해 많은 호응을 얻은 바 있다. 김박사는 이러한 사업은 궁극적으로 남북관계를 개선하고 과거가 아닌 건설로 남북관계를 바꾸어줄 것이라고 주장했다. 한국전쟁이 끝난 지 반세기 이곳 비무장지대에는 수많은 동물들과 식물들이 자연생태를 그대로 보존하며 잘 살고 있다.

오랜 전부터 환경위기는 경제성장의 결과라고 생각해 왔다. 즉 환경의 질과 경제성장은 상충관계에 있다는 것이다. 인간이 보다 쾌적한 환경의 질을 향유하려면 낮은 수준의 경제성장을 감수해야만 하며 높은 경제성장을 누리기 위해서는 낮은 수준의 환경의 질을 감수할 수밖에 없다는 주장이다.

결국 쾌적한 환경의 질과 경제성장을 동시에 추구할 수 없다는 견해다. 실제로 「성장의 한계」라는 로마클럽의 보고서(1972년)는 지금과 같은 경제성장이 지속되면 100년 이내에 자원고갈과 환경오염으로 지구는 성장의 한계에 봉착할 것이며 쾌적한 환경을 위해서는 경제성장의 속도를 둔화시켜야 한다고 주장하고 있다.

그러나 최근 들어 경제성장과 환경문제는 상충관계가 아니라 상호보완관계에 있다는 견해가 나오고 있다. 자연은 모든 생물이 존재하는 근원이 동시에 삶을 지탱시켜주는 원동력이며, 맑은 공기, 깨끗한 물, 비옥한 토양 등 자연의 혜택 없이는 인간은 단 하루도 살수 없다. 이런 관점에서 비무장지대의 생태계를 보전하는 일은 환경 문제뿐 아니라 우리와 우리 후손의 생존을 보장해주는 자원이라는 점을 상기해야 한다.

남북한이 손잡고 UN의 협조로 비무장지대 환경보전이 구호성 행사에 그치지 않게 구체적인 실천으로 이어져야 한다. 지금의 현실이 지구상에서 형제자매들이 만나고 싶고 보고 싶고 그립고 하는 것이 운명이었다고 하더라도 우리 인간은 그들의 마지막 삶의 뒤안길에서 있는 늙어가는 생의 모습을 볼 때 더 이상의 시간이 없어 그들의 슬픔을 양측 지도자들은(남·북) 그들을 그렇게 만들어 놓지 않았지만 현 지도자로서 전 인류 특히 UN과 함께 문제 해결에 적극 방법을 찾아 인간적이고 휴머니즘적인 정책에 앞장서 나아감으로써 전 인류에 좋은 박수를 받아 마땅하다고 생각되며 필자의 절대 소망이기도 하다. 지도자로서 국가경영을 하다 보면 많은 문제에 부딪치기도 하지만 필자는 한 부분만 이야기하고자 한다.

전 세계적으로 보면 조그마한 한반도이지만 지구촌 속의 남북문제는 역사와 또한 많은 과거가 있는 오늘의 현실에 놓여 있다.

특히 민족의 통일 등 많은 산적된 오늘이 있을 수 있지만 그런 큰 문제들은 또 세월이 지나가면서 하늘님에게 맡기기로 하고 갈라져 있는 작은 땅덩어리를 또 작게 쪼개 완충작용(남·북 38선을 중심으로)을 만들도록 우리 인간의 의지로써 꼭 필요하면 필요하다는 범례로 사용되어야 한다는 것을 강조하고 싶다. 한 나라를 경영하는 일에 많은 문제가 있다는 것은 당연하다.

현실적으로 볼 때 북측의 고민 중 가장 절실한 것이 있다면 그것은 전 세계 정치 흐름으로 보아 최근 빈 라덴, 후세인(이라크 문제) 등을 고려해 볼 때 아마 민생면에서 허덕이는 식량문제와 완벽한 체제유지차원의 UN 또는 강력한 미국의 보장을 받고자 하는 일일 것이다.

상대의 고민을 해결하여 주면 상대는 고마움이 있는 것이다. 그러한 것이 상호 이익에 대한 약속이며 신의가 아니겠는가. 국가와 국가간의 약속된 믿음 즉 외교에 확신과 믿음이 없다면 아무것도 믿을 수 없기에 폐쇄와 고립을 가져와 자멸될 것이다.

우리 양측(남·북) 지도자님께서는 한반도의 평화를 위하여 이미 국가를 통하여 비핵화 선언을 하였고 남북사이의 합의서 모든 사안들을 검토 분석하여 현실성에 맞추어 6자 회담 및 미국과의 관계개선도 상호 좋은 아이디어를 가지고 접근한다면 인류평화와 양 국가의 발전과 관계개선에도 커다란 새장을 열어나가리라 필자는 확신한다.

세계는 하나이고 지구는 하나이다. 그 속에 나라가 있고 나라마다 이해관계가 있다. 한반도 문제는 주변국가도 의식해야 되지만 가장 중요한 것은 남북한 좋은 방법을 찾아 남·북 상호이익을 추구하면서 주변국가와 함께 세계와 공존하는 것이다.

좋은 아이디어 현실성에 맞는 좋은 방법 그리고 상호 대화를 통하여 최대 공약수를 찾아 끊임없는 이익창출에 인력 재배치를 하여야 할 때이다. 이익이 있는 곳에 방법이 실현되는 것이다.

38선 주변에 국제평화관광문화도시를 만들어 모든 것을 연구하고 새로운 사고방식으로 접근하여 문제 해결에 초점을 보는 것이 어떨까 한다.

국제평화관광문화도시를 38선 휴전선 일대에 만들어 북한은 북한대로 남한은 남한대로 평화도시를 통하여 물류교류 및 모든 경제 활동 교류를 통하여 상호 발전을 할 것이며, 인적 교류를 통하여 향상된 기술, 문화 모든 전반적인(금융, 통신, 문화, 전자 등) 성장과 함께 양국을 발전시킬 것을 필자는 믿으며 특히 세계 교육의 도시, 관광의 도시, 문화의 도시, 종교자유의 도시, 각종 모임의 장소(도시)로써 그리고 예술(미술, 도자기, 창, 음악, 서커스, 스키, 수영, 골프, 태권도, 각종 스포츠, 카지노 등)을 위치하여 평화 도시의 기능을 살려나간다면 크게 빠른 속도로 환경 친화적 도시로 형성되리라 믿는다.

토지의 이용은 남·북이 공동으로 소유하여 중국 정부가 하고 있는 비슷한 운영으로 100년간 또는 50년간을 장기적으로 빌려줌으로 빠른 속도의 발전과 차후 남·북 양국의 재산증식에 기여하는 바가 되어 상호 이익이 될 수 있다. 협약 체결을 공통성 있게 모색하여 운영한다면 좋겠다.

국가를 운영 경영하다 보면 전략적 또는 정책적으로 방향 전환 돌출수가 때때로 필요할 수도 있다. 북한은 북한대로의 여러 면에서 남한은 남한대로의 활용이 국민이나 국가 경영에 많은 좋은 방향의 이익을 줄 수도 있다는 것이다.

양국은 새로운 평화도시시설에 일정의 소 정부 적은 국가를 만드는 일이기 때문에 입법, 행정, 사법 등 축소된 일정의 국가 기구를 만들어야 할 것이며, 상호 의견교환을 잘하며 UN과 관계를 접목하는 것이 중요하다. 그 외에도 교통, 항만 등 친환경적 기획도(식수역) 초기에 잘 기획하여야 할 부분이다.

도시의 이상적인 규모결정 현실적으로의 규모를 잘 기획하여 적정선에서 배치하여야 하며 앞으로의 전반구조의 미래 건설까지 방향성을 고려하여야 될 것이다. 완벽하게 준비하기 위해서는 양국가간 기구를 편성하여 사전조절되며 의견교환이 계속되어야 할 것이다.

양국경계(군인)는 상호 국제평화관광문화도시 뒤로 물러서서 군사를 재배치시키고 또한 상호 자신들을 지킬 수 있는 최소의 전략적 시설에 배양하도록 구축하여야 할 것으로 생각된다. 양국은 도시화는 위하여 공통지안을 협의할 수도 있고 또한 이해관계 그리고 전 세계 사람들이 안심할 수 있도록 UN 기구에 의탁하여 국제경찰로 치안을 유지하는 편이 좋다고 생각되며 국제 경찰 속에는 양국의 적당한 비율로 국제경찰교육 후 함께 활동하는 여러 가지의 좋은 방식을 연구하여 결정할 수도 있을 것이다. 출입국문제도 UN에 한 부서를 신설해서 UN에서 담당함으로써(No Visa 지역) 세계인이 안심하고 국제도시를 이용하고 양 국가간 체제보장을 간접적으로 UN이 보장한 셈이 될 것이다.

민족통일은 양국관계가 현실적으로 서로 신뢰의 수준에서 최상의 점수를 받음과 동시에 현실적으로도 모든 면에 있어 불편함이 최소화된 상태에서 지속적 발전의 관계개선을 함으로써 상호 필요에 따라서 조금씩 지역을 확대 운영함으로써 부작용 없는(서로 양국이 발전된 뒤의 상태) 중립국 같은 색깔을 형성할 수도 있을 것이다.

그러나 필자는 그런 미래에 대한 언급은 조심스럽고 너무 먼 훗날 정상(국가 지도자)들의 의지여하에 달려있기에 필자는 언급을 회피하고자 한다. 통일비용을 절감하기 위해서는 지금 현실에 미래의 앞날까지 상호 남북양측은 긴밀하고도 방법론에 있어 운영방법이 다양할 수 있으므로 필자는 여기까지 언급하고 차후 필요에 따라서 자문 및 제시는 언급하기로 하고 예민한 관계일 수 있는 만큼 신중하고 싶다.

김대중 전 대통령 "나의 길, 나의 사상" 즉 햇볕정책 3단계 통일론, 연합체 등 많은 방법이 있을 수 있다. 필자는 독일 통일이 나의 통일 논리, 순수통일, 충격적 방법을 피하고 자연스럽게 한 부분을 공유하면서 조정하고 맞추어서 살아가면서 점진적인 확대방법을 그때그때의 시대에 맞는 주변 변화와 현실 삶을 중시하였으며 그것이 지금이나 미래에도 자연스럽게 행해져야 하는 방법론을 찾아 정착해 나갔다고 것을 굳이 얘기한다면 강조해진다는 것이다.

남북화해와 통일의 발판을 마련하는데 역사적인 역할을 하게 될 남북정상회담 후 김대중 전 대통령은 다음과 같이 말했다.

"우리에게도 이제 새 날이 밝아오는 것 같습니다. 55년 분단과 적대에 종지부를 찍고 민족에게 새 전기를 열 수 있는 그런 시점에 우리가 이른 것 같습니다. 이번 저의 방북이 한반도에서의 평화,

남북간의 교류협력, 그리고 우리 조국의 통일로 가는 길을 닦는데 첫걸음이 됐으면 더 이상 다행이 없겠습니다."

"나는 김정일 위원장을 기대했던 이상으로 환대를 저에게 베풀었다고 말하고 돌아오면 공항에도 환송을 나와 주었습니다."

라고 말했다. 그러나 그는 "회담과정에서는 때로는 절망적인 생각을 가질 때가 몇 번 있었지만 성의껏 노력해서 김정일 위원장이 상당한 협력을 하고 이렇게 해서 여러분께 바친 합의를 도출했다."고 말하기도 했다.

평양시에 들어갈 때 60만, 나올 때 30~40만, 모두 약 100만의 평양 시민이 일광적으로 저를 환영하고 환송해 주었고, 평양 역사상 처음 있는 큰 긍정의 환영이었고 환호이기도 했다.

그는 또 양 정상은 민족과 세계에 대한 책임을 얘기했다고 말하고, 만일 성공을 못 했을 때 그 엄청난 파장, 우리가 성공적으로 했을 때 가져올 세계사적 큰 발전과 전환, 이런 것에 대해 얘기를 했다고 털어놓았다.

그래서 사명감을 가지고 성공을 위한 노력을 하는데 온갖 성의와 지혜를 다하자, 이렇게 다짐을 몇 번 했다고도 털어놓았다.

"만나는 것이 중요합니다. 평양도 가보니까 우리 땅이었습니다. 평양에 사는 사람들, 우리하고 같은 핏줄, 같은 민족이었습니다. 그들도 겉으로는 뭐라고 말하고 살아왔건, 마음속으로는 남쪽 동포들에 대해서 그리움과 사랑의 정이 깊이 배어 있다는 것을 조금 말해 보면 알 수 있었습니다. 그것은 너무도 당연합니다."라고 말했다.

반만년 우리 민족이 단일 민족으로서 살아왔다. 통일을 이룩한

지도 1300년이 되었다. 그런 민족의 터에 의한 불과 55년의 분단 때문에 영원히 서로 외면하거나 정신적으로 남남이 된다는 것은 있을 수 없다는 것은 당연한 일인 것이다.

그는 북측의 김정일 위원장하고 얘기하면서, 과거 조선왕조 말엽에 국민이 단합하고 근대화를 서로 도와 할 때 내부가 산산이 분열되고 근대화를 외면하다가 결국 망국의 설움을 얻고, 일제 35년, 8·15의 분단, 6·25의 전쟁, 지금까지의 철조망을 사이에 놓고 대립, 100년의 앙화를 우리 후손들에게 주지 않았느냐고 말했다는 것이다.

지금 세계가 지식 정보화 시대라는 인류 역사상 최대의 혁명의 시대에 들어가고 있고, 경제적 국경이 없는 무한경쟁의 세계화 시대로 들어가고 있는 이런 때에 우리 같은 민족끼리 내부에서 힘을 탕진한다면 우리가 어떻게 되겠는가?

그러나 만일 우리가 서로 협력해서 당장의 통일은 안 되더라도, 남과 북이 서로 협력해서 하늘도 뚫고, 길도 뚫고, 항구도 뚫고, 서로 왕래하고 협력하고 같이 경제 발전시키고, 문화 교류, 체육 교류 이렇게 해 나간다면, 한국 민족이 가지고 있는 높은 교육적 전통, 문화 창조의 기질이 21세기의 지식기반시대에 가장 적합한 우리의 자산이 아니겠는가?

이제 4대국이 우리를 지배하는 제국주의의 시대가 아니라, 4대국이 우리 시장으로서 우리가 그 한복판에서 이용할 수 있는 그런 시대다. 이 때 우리가 정신 차려서 남북이 협력하지 않고 우리끼리 싸운다면 우리는 어떻게 되겠는가! 그러므로 어떤 일이 있어도 우리는 이제 더 이상 적화통일도 안 되고 흡수통일도 안 되고 남북이 서로 공존공영을 하면서 차츰 통일의 길로 나가자. 민족을 이 21세기의 설움의 시대에 세계 일류의 그러한 한반도를 만들어야 한다는 것을 북한측에 역설하고 돌아왔다고 털어놓았다.

그의 말대로 이제 시작일 뿐이다. 이제 가능성을 보고 왔다는 것 뿐이다. 시간이 걸릴 것이다. 인내심이 필요하다. 또 성의가 필요하다고 말했다. 김 전대통령이 말한 남북공동선언서에 대한 설명을 다시 한번 음미해볼 필요가 있다.

첫번째는 민족 문제를 자주적으로 해결해 나가기로 한다. 이것은 7·4 공동성명에도 있다. 그러나 저는 북한 분들에게 얘기했습니다. 우리 문제는 우리끼리 자주적으로 하는 것은 당연하다. 그러나 7·4공동 성명 발표한 것이 28년인데 아무 것도 되지 않았냐. 자주, 평화, 민족대단결을 얘기했는데 아무 것도 안 되지 않았냐. 또 92년 2월에 남북이 합의서를 발표해서 화해, 불가침, 교류협력, 핵합의 성명 등을 했지만 성과가 없었다. 그러므로 이제는 대원칙을 주장하던 7·4공동성명의 구체적인 방안을 주장하던 남북합의서는 다 효과를 못 봤다면 이제는 아주 구체적으로 손에 잡부터 실천을 우리가 보여주자.

정상회담은 바로 실천을 보여주는 회담이다. 옛날하고 똑같이 민족 자주, 통일, 평화 이런 듣기 좋은 말만 해서는 이제는 세계도 우리 민족도 그것을 신뢰하지 않을 것이다. 그래서 2항 이하에는 좀 구체적인 이야기들에 힘을 뒀다는 것이다. 실천을 곧 할 수 있는 일에 힘을 뒀다는 내용이다.

두번째는 우리가 주장해 온 남북연합이다. 즉 2체제 2정부를 현재대로 놔두고 남북 양쪽에서 수뇌회의를 구성하고 장관 각료급

회의를 구성하고 국회회의를 구성하고 이렇게 해서 서로 합의기관을 만들어서 차츰차츰 모든 문제를 풀어나가자 하는 것이 우리의 연합제이다.

그에 비해 1980년 북한은 연방제를 주장했다. 처음부터 바로 중앙정부가 외교권, 군대통솔권을 다 가져야 한다. 남북 양쪽의 지방정부는 내 정권만 가져야 한다는 것인데 이것은 전연 이해 불가능한 얘기였다. 그러나 근자에 북한은 이 점을 수정했다. 그래서 낮은 단계의 연방제라는 이름으로 중앙 연방이 갖겠다는 외교와 군사권을 지방정부가 그대로 가져도 좋다고 하고 있다. 이것은 실제로 우리가 주장한 대로이다. 이것은 상호간 문제가 많기 때문에 앞으로 양쪽 대표가 한번 같이 문제를 토론해 보자, 학자들도 오고 전문가들도 와서 한번 얘기해 보자 이렇게 했다는 것이다. 이것은 우리 통일운동 사상에서 아주 구체적인 합의점을 발견하기 위한 하나의 획기적인 계기가 되지 않았는가! 이렇게 생각한다는 것을 여러분께 말씀드립니다. 라고 김 전대통령은 기자회견 중 말하였다.

셋째는 남과 북은 오는 8·15에 즈음하여 이산가족 방문단을 교환하며 비정한 장기수 문제를 해결한다는 것이다. 여기에서 여러분께 얘기할 것은 이 문장 해석에 있어서 어디까지나 실현면, 흩어진 이산가족들의 문제가 초점이라는 것이다. 이산가족의 상봉 문제는 앞으로 그 범위가 얼마만큼 갈지 아직 다 알 수는 없지만 상당한 규모에서 이 문제가 시작될 것이 틀림없다는 것을, 이렇게 북한하고 합의 봤다고 말했다.

그리고 네 번째로 남과 북은 경제 협력을 통하여 민족 경제를 균형적으로 발전시키고 사회, 문화, 체육, 보건, 환경 등 제반 분야에서도 교류 협력을 증대시키기로 했다는 것이다.

북한의 경제가 어렵고 있는 사실이다. 우리의 협력이 도움이 될 것은 사실이다. 그러나 우리가 북한으로 들어가서 철도를 깔고, 전력 문제를 해결하고, 도로·항만·통신 등을 해 나갈 때, 또 북한이 애당초 공단을 만들어서 진출할 때 지금까지 우리 대한민국의 경제는 한한 내부에서의 경제가 한반도 전체의 경제로 발전되어 나갈 것이다.

지금 우리는 기차가 왜 런던을 못 가고 왜 파리를 못 가나? 경인선, 경원선이 끊어졌기 때문에 못 가는 것이다. 만주에서는 기차들이 자유롭게 가고 있지 않는가? 경인선은 불과 25km 정도밖에 끊어지지 않았다. 이것만 이어지면 곧 갈 수 있다. 운송비가 30%가 절감되고, 수송날짜가 훨씬 줄어든다. 북한하고만 해결되면 우리는 유럽까지 승승장구 뻗어나갈 수가 있다. 이렇게 할 때 새로운 천년의 실크로드가 생겨나서 남북 양측이 크게 경제의 번영을 누릴 수 있는 시대가 올 것이다.

북한의 노동력이 대단히 우수하고 노임도 훨씬 저렴하다. 남한에서 경쟁력이 약한 중소기업들도 북한에 가면 충분히 경쟁력을 얻을 수 있다.

김 전대통령은 남북관계와 관련해서 우리가 철칙으로 둬야 할 것은 남북 좋으도 안 되고 북만 좋아도 안 되고 양쪽이 다 좋아야 오래 가고 그리고 화해가 있고 협력이 있다는 것이다. 원칙정책으로 가야 한다는 것이다. 이러한 교류 협력을 경제뿐 아니라 문화, 체육 모든 분야에서 해가기로 김정일 위원장과 확실히 합의를 봤다고 말했다. “북한은 다 같은 우리 강산이고, 다 같은 우리 민족이 사는 곳이고, 다 같은 한국 사람의 생각과 인정과 모든 생활환경을 가지고 있는 사람들입니다. 그러나 또 우리하고 아주 상이한 사상적 토양에서, 그런 정치체제 아래서, 그런 사회주의 제도에서 살아온 것도 사실입니다. 이런 것을 우리가 한국사람 특유의 급한 성격을 가지고 풀려고 하면 되지 않습니다.

그러니까 합의만 해놓고 7·4 공동성언이 28년간 안 된 것입니다. 우리는 북한도 우리 동포다, 그들도 우리하고 같은 상식을 가지고 있다. 그들도 이익이 되고 우리도 이익이 되는 일을 같이 해야 한다는 생각을 가지고 처음부터 가능한 것부터, 쉬운 것부터 풀어나가야 합니다. 그러는 동안에 당연히 믿음이 생기고 이해가 일치합니다. 그런 토대만 닦아놓고 내가 물러난다면 또 뒤에 오는 분이 잘 하실 것입니다.” 김 전대통령은 이렇게 기자회견을 끝맺었다.

무엇보다도 중요한 것은 우리 국민들이 더 이상 전쟁은 없다 적화통일도 용납하지 않지만 우리도 북한을 해치지 않겠다. 반드시 같이 공존공영해서 우리 한민족이 한번 새로운 21세기에 같은 이 손잡고 크게 세계 속에서 일류 국가로 승패해 보자. 주변 4대국이 이제는 제국주의가 아니라 전부 우리 시장이다.

한민족이 가지고 있는 뛰어난 지적 기반, 문화적 기반을 가지고 정보화 시대에, 지식기반 시대에 이런 거대한 시장을 개척해 나가자는 각오를 가지고 여러분께서 북한을 대해주시기 바란다고 한 말은 우리가 꼭 명심해야할 이야기다.

“앞날은 첩첩이 하되, 그러나 전쟁을 막기 위한 안보, 그리고 결국은 남북의 화해 협력하기 위한 안보, 이런 방향으로 나갈 때 나는 우리 조상들이 도와서 하늘이 도와서 우리 민족의 미래가 열릴 것이다 라는 것을 굳게 믿습니다."라고 그는 강조했다.

노르웨이 노벨위원회는 한국과 동아시아에서 민주주의와 인권을 위해, 그리고 특히 북한과의 평화와 화해를 위해 노력한 업적을 기려 2000년 노벨 평화상을 김대중 대한민국 전대통령에게 수여하기로 결정했다.

한국이 수십 년간 전체주의의 통치하에 있을 때, 수차례의 생명에 대한 위협과 장기간의 망명생활에도 불구하고 김 전대통령은 점차적으로 한국 민주주의를 떠맡는 인물로 부상했다. 1997년 그가 대통령에 당선됨으로써 한국은 세계의 민주국가 대열에 확고히 자리 잡았다. 대통령으로서 김대중은 확고한 민주 정부의 수립과 한국에서의 내부적 화합 증진을 추구해 왔다.

강력한 도덕적 힘을 바탕으로 김 전대통령은 인권을 제한하려는 시도들에 맞서 동아시아 인권수호자의 역할을 수행해 왔다. 버마(미얀마)의 민주주의를 지지하고 동티모르의 인권탄압에 반대하는 그의 헌신적 노력 역시 필수할만한 것이었다.

"햇볕정책"을 통해 김 전대통령은 50년 이상 지속된 남북한간의 전쟁과 적대관계의 해소에 노력해 왔다.

그의 북한 방문은 남북한간의 긴장을 완화하는 과정에 큰 동력이 되었다. 이제 한반도에 냉전이 종식되리라는 희망을 가질 수 있을 것이다. 김 전대통령은 또한 인근 국가들, 특히 일본과의 화해를 위해 노력해 온점을 평가한 것이었다.

노벨상은 지적 엄격에 수여되는 상들 가운데 세계에서 가장 권위 있는 상으로 널리 인정받고 있다.

노벨상은 과학자들뿐만 아니라 일반인들에게까지 그 이름이 알려진 몇 안 되는 상들 중 하나이기도 하다. 상이 차지하는 중요성면에서 노벨상과 어깨를 나란히 할 수 있는 국제적인 상으로는 올림픽 대회에서 수여되는 상이 유일하다고 할 수 있다.

노벨상은 스웨덴 발명가이자 억만장자 알프레드 노벨이 증여한 기금에서 출발했다. 그는 1895년 자신이 남원한 재산으로 5개 부문의 상을 정해 '지난해 인류에 가장 큰 공헌을 한 사람들'에게 매년 수여하라는 내용을 유언장에 명기했다.

이런 그의 유언에 따라 노벨 물리학상, 화학상, 생리학·의학상, 문학상, 평화상이 제정되었다. 최초의 노벨상 수상식은 노벨이 사망한지 5년째인 1901년 12월 10일에 행해졌다. 일반적으로 노벨 경제학상으로 알려져 있는 알프레드 노벨을 기념하는 경제학상은 1968년 스웨덴 은행에 의해 제정되어 그 이듬해인 1969년부터 수여되기 시작했다.

노벨재단은 1896년 12월 10일 노벨이 사망한 후 그의 유언 내용을 집행하는 한편 그가 남긴 재산을 관리하기 위해 설립되었다. 유언장에선 노벨은 상을 수여하는 기관으로 4개의 기관(3개는 스웨덴에, 나머지 하나는 노르웨이에 있음)을 지목했다.

그 가운데 스톡홀름의 스웨덴 왕립과학아카데미는 물리학상, 화학상, 경제학상을 수여한다.

그 외 생리학·의학상은 카롤린의 의학연구소에서, 문학상은 스웨덴 아카데미에서, 평화상은 오늘도에 있는 노르웨이 노벨 위원회에서 수여한다.

노벨재단은 기금의 법적인 소유주이자 관리자로서 상을 주는 기관들의 공동집행기관으로서의 기능을 수행하고, 앞서 말한 4개 기관에서 전달하는 수상자 선정 업무에는 관여하지 않는다. 노벨상의 권위는 엄격한 심사를 통한 수상자 선정 과정에 기인한다.

노벨상은 매년 10월과 11월에 수여된다. 수상자 선정 작업은 그 전해 초가을에 시작된다. 이 시기에 노벨상 수여 기관들은 한 부문별로 약 1,000명씩 총 6,000여 명에게 후보자 추천을 요청하는 안내장을 보낸다. 안내장을 발부받는 대상은 전해의 노벨상 수상자들과 상수여 기관을 비롯해 물리학, 화학, 생리학·의학 분야에서 활동 중인 학자들과 대학교 및 학술단체 직원들이다. 안내장을 받은 사람들은 해당 후보를 추천하는 이유를 서면으로 제출해야 하며 자기 자신을 추천하는 사람은 자동적으로 자격을 상실하게 된다.

후보자 명단은 그 다음해 1월 31일까지 노벨위원회에 도착해야 한다.

후보자는 부문별로 보통 100~250명가량 된다. 2월 1일부터 6개 노벨위원회는 접수된 후보자들을 대상으로 각기 선정 작업에 들어간다. 이 기간 동안 각 위원회는 수천 명의 인원을 동원해 후보자들의 연구 성과를 검토한다. 필요한 경우에는 검토 작업에 외부 인사를 초빙하기도 한다.

각 노벨위원회는 9~10월초 사이에 스웨덴 왕립과학아카데미와 기타 상수여 기관에 추천장을 제출하게 된다. 대개는 위원회의 추천대로 수상자가 결정되지만 상수여 기관들이 반드시 여기에 따르는 것은 아니다. 상수여 기관에서 행해지는 심사 및 표결 과정은 철저히 비밀에 부쳐지며 11월 15일까지는 최종 수상자를 결정해야 한다.

상을 단체에도 수여할 수 있는 평화상을 제외하고는 개인에게만 주도록 되어 있다. 죽은 사람은 수상 후보로 지명하지 않는 게 원칙이지만, 다고 함마르셸드(평화상, 1961)와 에리크 A. 카를펠트(문학상, 1931)의 예처럼 생전에 수상자로 지명된 경우에는 사후에도 상을 받을 수 있다.

일단 수상자가 결정되고 나면 번복할 수 없다. 이밖에도 상을 수여하는 사람들은 이른바 시상 과정에서 특정 후보를 지지하는 외교적 혹은 정치적 발언을 해서는 안 된다.

노벨상은 금메달과 상장, 노벨재단의 수입에 비례해 책정되는 일정액의 상금으로 구성된다(1996년 현재 각 부문별 수상자들에게 전달 가능한 개인당 금액은 1만 달러이다). 수상자가 1명일 때는 상금 전액이 지급되며 2명일 때는 상금을 반으로 나누어 지급한다. 수상자가 3명일 경우에는 1/3씩 지급한다.

다음 해까지 시상이 보류되는 경우도 가끔 있다. 그러나 그때까지도 수상자가 나오지 않을 때에는 상금은 기금으로 환수된다. 따라서 한 해에 같은 부문에서 2개의 상, 즉 전해에 보류됐던 상과 그해의 상이 동시에 수여되는 경우도 있다.

지정된 날짜 전에 수상을 사양하거나 거부할 경우에도 상금은 기금으로 환수된다.

수상자 본인이 상을 거부한 경우가 대부분이지만, 정부가 나서서 수상을 막는 경우도 간혹 있다. 그러나 이 경우에도 일단 수상자로 결정되면 수상 거부라는 언급과 함께 노벨상 수상자 명단에 기재된다.

수상 거부의 동기는 다양하지만, 실제로는 외부 압력 때문에 경우가 많다. 예를 들어 1937년 아돌프 히틀러는 1935년 당시 독일의 정적범이었던 반나치 저술가 카를 폰 오시에츠키에게 평화상을 수여한 데 격분해 향후 독일인들의 노벨상 수상을 금지하는 포고령을 내린 바 있다.

수상을 거부했던 사람이 나중에 자신의 상황을 설명하고 금메달과 상장을 찾아간 사례도 심심찮게 있었지만 상금은 이미 기금에 환수된 뒤였기 때문에 돌려받지 못했다.

노벨의 유언 내용에 합치하는 후보자가 없거나 제1, 2차 세계대전 때처럼 세계정세 때문에 수상자 결정에 필요한 정보를 수집할 수 없는 경우에는 수상이 보류된다. 노벨상은 국적·인종·종교·이념에 상관없이 모든 사람에게 개방되며 한 사람이 1번 이상 받을 수도 있다. 물리학상, 화학상, 생리학·의학상, 문학상, 경제학상 시상식은 스톡홀름에서, 평화상 시상식은 노벨의 사망일인 12월 10일 오슬로에서 열린다.

대개는 수상자들이 직접 시상식에 참석해 상을 받으며, 수상을 기념하는 강의를 한다. 수상자를 선정하는 일반 원칙은 노벨의 유언장에서 명시되어 있다. 유언장 해석과 적용을 둘러싼 주요한 쟁점은 1900년 유언 집행자와 시상기관 대표단, 노벨 가족이 모여 합의했다.

이들 원칙은 오늘날까지 거의 그대로 지켜지고 있으나 적용 과정에서 수정된 부분도 약간 있다. 예를 들면 노벨이 명기한 전해에 이뤄진 업적에 상을 수여한다는 조항은 과학자는 물론 작가들까지도 대개 몇 년이 지나야 연구 성과나 저작 성과가 드러난다는 점이 반영돼 불문율처럼 적용·운용되고 있다. 문학상의 경우 '이상주의 경향'과 같은 모호한 규정을 '작가한테 수여하라'는 노벨의 모호한 표현은 처음에는 엄격하게 해석되었으나 점차 융통성을 갖게 되었다. 그 외 경제학상은 정치적·사회적 근거보다는 과학적 근거, 즉 수학적·통계학적 근거를 기준으로 수상자를 선정하고 있다.

물리학상, 화학상, 생리학·의학상은 별다른 논란이 없었지만, 문학상과 평화상은 그 성격상 첨예한 의견 대립을 보여 왔다. 그중에서도 평화상은 수상이 가장 많이 보류된 부문이다.

평화를 사랑하고 인간의 행복을 추구하는 것은 어찌 보면 인간의 최대 바람이며 본능일지도 모른다.

그러나 지배하는 자와 지배하려고 하는 세력들 때문에 인류는 끊임없는 기아, 난민, 전쟁의 역사를 이 지구상에서 대면하고 있음이 오늘날의 현실이다. 어쩌면 이 지구상에 땅에는 평화 하늘에는 영광이 깃들 것인가? 필자는 조국의 현실을 자신의 생각을 옮겨놓듯이 좋은 결과가 있어 조금이나마 도움이 되었으면 좋겠다.

최근 남북한의 평양에서 열린 '제9차 남북경협력추진위원회'에서 해운항만의사와 부속합의서를 교환함에 따라 분단 이후 간헐적으로 열렸던 남북한 뱃길이 사실상 전면 개방되는 기반을 마련한 것은 매우 고무적인 일이다.

국회 동의 등 양측이 내부 절차를 거친 뒤 합의서를 정식 교환하는 절차를 남겨 두고 있지만 남북한 모두 이익이 되는 내용인 만큼 큰 진통 없이 이르면 올해 안에 효력을 발생할 수 있을 것으로 보인다.

합의서에 따르면 북한은 남포·해주·고성·원산·흥남·청진·나진 등 7개항을 남측 선적 선박이 이용할 수 있도록 했다. 또 남한은 인천·군산·여수·부산·울산·포항·속초 등 7개항을 북한 선적 선박에 개방키로 했다.

북한의 경우 무역항으로 사용 중인 8곳 가운데 송림을 제외한 나머지 무역항 모두가 한 해 반에 개방되는 데다 합의서에 명시되지 않은 나머지 무역항도 사전 허가를 받으면 이용이 가능해 사실상 북한의 모든 무역항이 남한 선박에 완전 개방되는 셈이다.

지금까지 남북이 교역할 때는 파나마, 중국 등 제3국 선적 선박만 이용할 수 있었다. 또 이용 가능한 무역항은 나진·남포·부산·인천 등 4개항에 불과했다.

남북 양측이 각각 무역항 7곳을 상대방 선박에 개방함에 따라 남북 교역량이 크게 늘어날 것으로 보인다. 이번 합의서의 교환으로 정기 항로를 개설할 수 있는 기반이 마련된 만큼 남북경협 속도에 따라 언제라도 물동량을 늘릴 수 있기 때문이다. 특히 해상공간 조성 및 운영에 필요한 남측 물자를 해수 항을 통해 운송하면 시간이나 물류비용을 크게 낮출 수 있다는 점에서 초기 남북경협에 큰 역할을 할 것으로 기대되고 있다.

북한도 남북경협 문제 외에 내부 교역 측면에서 이득을 볼 것으로 보인다.

지금까지 북한 선박이 동쪽 항구에서 서쪽 항구로 운항할 때 남한의 군사작전구역(AAO) 바깥인 공해 상으로 운항해야 했으나 앞으로는 군사작전구역 안쪽에 설정된 항로를 이용할 수 있게 되기 때문이다. 다만 남북 관계의 특수성을 감안할 때 정치상황에 관계없이 이번 합의가 지속될 수 있을지가 관건으로 꼽힌다.

전문가들은 "새로 개선되는 남북한 항로가 앞으로 북측의 일방적인 태도 변화로 단절되지 않게 하는 제도적 보완책을 정식 합의문 교환 때까지 마련해야 한다."고 강조한다.

남북경협이야말로 햇볕정책을 발전시켜나가는데 큰 역할을 할 것이라고 본다.

6월초 남북한 항로 개방 합의는 남북한을 잇는 육(陸)·해(海)·공(空) 통로 중 뱃길이 가장 먼저 열린다는 의미를 갖는다.

특히 이번 남북경제협력추진위원회가 상호 교환한 '남북해운합의서 및 부속합의서'의 핵심은 남북 간 해상항로를 국가 간 항로가 아닌 민간내부 항로로 인정했다는 것이다. 남북한의 배가 상대방의 항구에 합법적으로 들어갈 수 있게 됐다는 얘기다.

지금까지 남북한의 배는 서로 상대방의 항구에 들어갈 수 없었다. 따라서 남북한 교역에는 구호물자 수송 등 외적인 경우를 제외하고는, 모두 제3국의 선박이 이용됐다. 기항 항구도 극히 제한적이었다. 부산-나진, 인천-남포를 잇는 정기화물전 항로와 금강산 관광을 위해 동해·부산·속초와 북한 장전항을 운항하는 정기여객선 항로가 대부분이다.

하지만 합의서가 발표되면, 남북한 간 화물·여객 수송은 남북항의 주요 항구를 대부분 이용할 수 있게 된다. 북한은 이번에 남측의 인천·군산·여수·부산·울산·포항·속초항, 북측의 남포·해주·고성·원산·홍남·청진·나진항 등 각각 7개 항구를 서로 연결하는 해상

항로를 개설기로 합의했다고 신문이 보도하고 있다.

구체적으로 남북측의 선박이 각각 상대방의 항구에 기항하려면, 출항 예정 3일 전까지 상대국 해사 당국에 신청서를 제출해야 한다. 선박운항허가는 하루 전에 발급된다. 또 남북한의 선박이 상대방 해역을 운항하는 경우에는 반드시 정해진 뱃길을 따라 항해해야 한다. 해양수산부 정장호 해운물류국장은 "우선 개방된 7개 항구 이외의 항구에 기항하려면 상대방에 7일 전에 신청서를 내 허가를 받으면 되지만, 현실적으로 당분간은 7개 항구를 중심으로 남북한 교역이 이뤄질 것"이라고 말했다.

이번 합의로 해상항로를 통한 남북한 교역도 역시 국가 간 교역이 아닌 연안교역으로 규정된다. 따라서 남북한 간 교역에서 앞으로 제3국 선박을 이용할 수 없게 됐다. 반드시 남북한 국적 선박을 사용해야 한다.

당장 해외에 지급했던 용선료(연간 약 30억원)를 절약하는 효과를 거둘 것으로 해양수산부는 예상하고 있다고 한다. 북한은 서해안의 항구에서 동해안의 항구로 항해할 경우, 남측의 뱃길을 이용할 수 없기 때문에 그 동안 공해(公海)상으로 우회했던 항로가 대폭 단축된다. 예를 들어 남포~청진 간 항해시 남측 항로를 이용하면, 기존 항로보다 155마일 짧아진다. 15노트의 속도를 가진 선박 기준으로 따져보면, 10시간쯤 운항시간이 절약되는 셈이다.

또 북한은 항만하역 시설과 여객의 신변안전과 무사귀환을 보장하고, 남북한 간 해상사고에 대한 구조 체제를 확립한 것도 이번 합의서의 수확이다.

장기적으로는 항구 중심의 남북한 관광 활성화도 기대된다. 북측 7개 항구의 경우, 여건들만 사전허가만 받으면, 선원이나 여객들이 내릴 수 있다. 이들 항구를 중심으로 관광 상품이 개발될 여지가 있는 것으로 전문가들은 보고 있다.

한편 반가운 소식은 지난해 북한의 국내총생산(GDP) 증가율은 1.8%로 5년 연속 성장했으며 성장률도 전년의 1.2%에 비해 확대됐다는 것이다.

이는 남한의 33분의 1, 국민소득(GNI)은 97만원수준으로 남한의 15분의 1 수준이었지만 지난 1998년까지 마이너스 성장을 계속하던 북한이 99년 6.2%의 플러스 성장으로 돌아선 후 ▲ 2000년 1.3% ▲ 2001년 3.7% ▲ 2002년 1.2% 등을 기록했다는 것은 정부측의 일이었다. 한국은행이 지난 8일 발표한 '2003년 북한 경제성장률 추정 결과'에 따르면 북한의 실질 GDP 성장률은 1.8%로 99년 이후 5년 연속 플러스 성장을 지속했다.

지난해 북한의 경제성장률이 확대된 것은 2002년 에너지와 원자재 수급난으로 성장이 위축됐던 광공업과 전기가스, 수도업 등이 플러스 성장으로 돌아서고 기상여건이 좋아 농업생산이 지속적으로 성장한 데 힘입은 것이라고 한국은행은 설명했다.

산업별로는 북한의 비료와 양호한 기상여건과 남한의 비료 지원등에 힘입어 작물 수확량이 늘어나면서 1.7% 성장했던 광업은 전력부족의 일부 해소되면서 3.2% 증가했다. 제조업은 중화학공업생산이 증가세로 돌아서 2.6% 늘었고 건설업은 비 주거용 건물과 댐 건설 등 토목건설이 늘어나 2.1% 성장했다.

서비스업은 경제관리개선조치 이후 상업유통의 활성화로 도소매업과 순수업이 각각 9.8%, 4.0% 성장했으나 외국인여행객 감소로 음식숙박업이 위축되면서 전체적으로는 0.7% 성장하는데 그쳤다.

지난해 북한 경제를 남한과 비교해보면 경제규모(명목GNI)는 21조 9천 466억원(남한 원화기준)으로 남한의 33분의 1(3.0%) 수준이며, 이는 대구광역시 또는 충청북도의 경제규모에 해당한다. 1인당 국민소득(GNI)은 97만 4천원으로 남한의 15분의 1(6.5%) 정도였다. 북한의 대외무역규모(상품기준)는 23억 9천만 달러로 남한의 156 분의1(0.6%)에 불과, 남북한의 격차가 더 벌어졌다.

2002년 북한의 대외무역규모는 남한의 139분의 1 수준이었다.

지난해 북한의 수출은 5.5%, 수입은 5.9% 증가해 대외무역규모는 전년 대비 5.8% 늘었다. 남북 교역 액은 7억2천만 달러로 전년보다 12.9% 증가했다.

한편 북한의 작년 말 현재 인구는 2천 252만 명으로 남한의 47%에 그쳤다. 북한의 경제개방과 꾸준한 성장은 남북화해와 통일의 길에 긍정적인 역할을 하리라 믿는다.

남북통일 과정에서 우리가 가장 신경을 써야 할 점은

1) 양측이 현재 각각 갖고 있는 긍정적이고 건설적인 부분은 앞으로도 계속 보전하고 발전적으로 유지한다.

2) 양측에서 불안 약점이라고 생각하는 부문은 과감히 제거한다.

3) 느슨한 연방체제하에 있을 초기에는 양측의 identity를 서로 존중한다.

4) 양측이 제한적이나마 서로 여행 등 인적교류를 확대한다.

5) 기업, 문화, 학술분야의 know-how를 공유하며 통합의 길로 간다.

이 모든 조치는 통일 후 엄청난 시너지효과를 가져올 것이다.

양측이 긍정적이며 건설적인 분야를 서로 존중하고 계속 유지 발전시킨다는 것과 관련 우리 모두 유익할 것은 세계의 어느 체제 하에서도 언제나 독특하면서도 유익한 내용은 있다는 진리에 근거한다는 점이다.

독특하고 유익한 점을 계속 유지발전 시켜나가면 상대방은 이를 환영할 것이고 대응조치로 서로의 신뢰를 높여나갈 것이다. 물론 완전한 정부시스템이란 어느 곳에도 존재하지 않는다. 우리는 항상 상대방으로부터 무엇인가 얻고 배우는 것이 있다. 말할 것도 없이 통일한국은 국민들이 평화스럽게, 안전하게 화목하게 살 수 있는 곳이 되어야 한다. 이는 모든 국민이 서로 어울리고 같은 언어를 구사하고 같은 문화를 공유하면서 미래의 번영에 대한 확신이 있을 때 가능한 것이다.

이런 점에서 교육이란 어느 분야보다 중요한 것이다. 현재 노년세대는 이제 한 다리를 무덤 속에 파묻고 있는 상태라고 비유하고 싶다. 중년세대들도 곧 은퇴를 앞두고 있다. 우리의 희망인 젊은 세대들에 대한 교육이야말로 통일시대의 성공과 번영을 좌우하는 요소가 될 것이다.

통일된 한국에서 우리는 년간 수십억 불의 관광산업을 예상할 수 있다.

한국의 전 국토는 천혜의 관광자원을 갖고 있다. 아름다운 산과

강 그리고 폭포는 너무나 많은 자연적인 관광자원들은 외국인들이 부러워하고 있다.

남북교류가 금강산 관광 같은 관광분야부터 시작된 점은 너무나 당연한 일이다.

관광은 그 자체가 평화적이며 내면세계의 기쁨이며 자기만족이다. 또 관광을 통해 우리는 친구를 사귀고 많은 사람들과 의견을 나누고 정신적인 교류를 할 수 있다.

따라서 관광을 통해 어느 남북 어느 한편도 얻는 것은 무궁무진한 것은 없다고 생각한다. 북한은 적대적인 대치없이 관광으로 각각 경제적인 이익을 기대할 수 있는 것이다.

양측 모두 관광을 통해 평화분위기가 조성된다면 궁극적으로 서로 걱정하고 상대방에 의구심을 갖고 있는 안보문제도 자연히 해결될 수 있다는 것이다. 문제는 남북한 공공의 관광관련 사업주체 셀터들이 냉전사고에 아직도 고착된(물론 일부이겠으나) 구세대라는 것이다. 그들의 공통점은 상대방에 대한 불신감과 부정적인 사고를 갖고 있다는 점이다.

이런 점은 동시에 희망이 되기도 한다. 인간의 라이프사이클은 매우 짧다. 자연의 섭리는 이 지구상의 생물 중 어느 것도 영원한 것이 없게 만들었다. 이제 곧 젊은 세대들이 배턴을 이어 받을 것이다. 그리고 변화를 가져 올 것이다.

한편 한반도의 통일 과정에서 우리들은 양측 모두 인정하는 공동 경찰제도입을 생각해볼 수 있다. 또 한편으로 공동 군대도 가능하다. 이러한 제도는 한반도통일을 위해 꼭 필요한 양측군사력의 점진적인 축소와 궁극적인 군사무기폐기를 위한 전 단계로 생각해볼만한 일이라고 생각한다.

역사상 이 시점에서 일본이나 중국이 통일 한국을 침략해 한국을 약탈한다는 것은 매우 가능성이 적은 일이기 때문이다. 우리는 앞을 보고 전진해야 한다.

통일에 대비하면서 우리가 준비할 일은 적지 않다. 그 중에 하나가 교육문제라고 생각한다. 통일을 이룩하고 우리 다음 세대가 정말로 통일시대의 주역으로 뛰게 하려면 남북한 교육당국은 공동교육과정수립에 모든 노력을 집중해야 한다고 생각한다. 이는 매우 민감하고 어려운 과업임에는 틀림없으나 단순히 교육과정을 일률적으로 모든 학교에 적용하라는 뜻은 아니다.

단순히 말하면 특정 기초교과목부터 모든 학교 교육을 도입하여 통일에 대비하자는 뜻이다. 예를 들어 역사, 지리 그리고 과학 관련 교과목부터 양측협의 하에 새로운 교과과정을 만들 수 있음을가 생각한다.

외국어 교육에 있어서는 각 학교별로 자율권을 주려면 큰 문제는 없다고 생각한다. 즉 학교별로 영어냐 일본어 또는 영어냐 불어 등 선택하면 된다는 것이다.

이러한 교과과정의 자유선택권은 통일 한국국민들이 국제적인 교류에 있어 그로 활약하는데 큰 기여를 할 것이다. 한국기업인들이 아시아나 북미 또는 남미에서 무역이나 기타 상거래 하는데 필요한 미래 인력양성에 큰 도움이 될 것이다.

평화도시의 구조적인 측면은 한반도 통일을 앞두고 매우 중요한 의미를 갖고 있다. 성공적인 통일과 통일 후를 내다볼 때 새로운 세대는 통일된 조국이 남·북 분단 상황에서 자란 1세대 국민들과는 다른 통일한국에 맞는 이념과 국가관 그리고 세계관을 갖는 미래세대가 필요할 것이다. 이는 남북한 모두 교육과정의 개편과 새로운 교육제도의 도입을 전제로 한다.

소련이 붕괴 후 나타난 소련에서의 문제점은 우리들에게 많은 시사점을 던져주고 있다.

우선 역사교과서에 70여 년간 기록되고 교육하던 구소련의 선정적인 내용은 모두 새로운 내용으로 대체되었다. 그 대신 왜곡된 편견이나 역사적 왜곡이 없는 내용이 새로운 역사교과서에 반영되었다.

앞으로 개편될 남북한의 교과과정에서 한국 국민의 역사적인 위대성과 문화자산, 한글의 우수성 그리고 화합과 번영과 평화의 중요성이 교과과정에 반영되어야 함은 너무 당연한일이다.

남북한 통일은 단순한 희망적인 생각이 아니라 우리의 현실로 나타날 것이라고 믿는다. 문제는 시간이다.

통일이란 대 과업을 앞당기기 위해 우리는 이런 뜻을 행동으로 옮겨야 한다. 남북한 모든 동포들은 통일로 인해 많은 혜택과 이익을 기대할 수 있다.

우리는 남북화해에 가장 앞서가는 비전과 행동을 보여준 김대중 전대통령 같은 분이 더 필요하다. 우리는 그가 제시한 햇볕정책을 행동으로 옮길 수 있는 지도자들을 더 필요로 하고 있고 통일을 저해하는 요소들이나 책동을 제거할 수 있는 신념과 행동이 필요하다. 이런 정신을 남북한 동포들의 마음에 어떻게 주입시키느냐가 문제이다. 이와 함께 남북한 정부 관리들은 좀더 통일을 위한 진정한 노력과 토론이 필요하며 통일문제를 어느 국정이슈보다 최우선 과제로 삼아야 한다.

지혜요인이 있다면 제개방안을 공동으로 검토하고 연구하며 적절한 조치를 취할 필요가 있다. 남북한이 분단 상태로 남아 있다는 사실은 얼마나 슬픈 일인가. 양국정부는 이런 국면정서를 먼저 생각하여야 한다. 유감스럽게도 현재까지 이런 노력이 부족했다.

항 일은 별로 없었다. 북한은 남한주둔 외국군대가 통일의 저해요소라고 자주 주장하고 있다. 이는 북한에도 적용되는 일이다. 북한 역시 한때 외국군이 주둔한 일이 있었다.

이런 문제 등은 유엔을 통해 해결할 수 있다고 생각한다. 1945년 유엔에 탄생한 후 유엔은 군사력에 호소하지 않고 많은 국제분쟁을 해결한바 있다.

한반도 통일에서 유엔의 역할은 너무나 중요한 일이다. 이런 관점에서 한국 국민들이 원하는 통일문제에 있어 어떤 정치적인 고려나 이해관계를 계산해서는 안 된다고 생각한다. 유엔은 중립적인 관점에서 통일과정에 중요한 역할만 하면 된다는 것이다.

한국 국민들은 이산가족들과 재결합을 하며 서로 화합하며 살아갈 통일을 염원하고 있다. 물론 통일이 그렇게 쉽게 성취되리라고 믿지는 않는다.

유엔은 통일의 과정에서 북한의 중국군이나 남한의 미군을 궁극적으로 대체할 수 있다. 세계의 어느 특정한 국가보다는 즉 미국이나, 프랑스, 영국보다는 UN이 훨씬 신뢰되고 믿음이 가는 것은 사실이다. 2차 세계대전 이후 유엔은 수백만 명의 생명을 구했고 전쟁을 예방하는데 결정적인 노력을 했다는 사실은 하느님이 알고 있다고 믿는다. 말할 필요없이 유엔도 문제가 있고 능력의 한계가 있다.

통일한국은 국민을 진정으로 대변하는 국가가 되어야 한다. 즉 국민의 가장 기본적인 권리인 건강과 교육을 책임지는 국가이다.

문화적으로 어느 나라보다 발전된 한반도에는 이 지구상에 존재하는 다양한 형태의 정치제도 중 가장 완벽한 제도를 도입해야 할 필요가 있다. 우리는 진정 국민을 위하고 그들의 최대 이익을 도모해주는 그런 정부와 정치체제를 원한다는 뜻이다.

비영리 시민단체인 NGOs는 평화도시건설에 있어 아주 중요한 역할을 하게 됨은 물론이려니와 통일 후 한반도의 좋은 정부를 세우는데 있어서도 아주 중요한 역할을 하여야 한다고 생각한다.

NGOs는 우리 모두 잘 알고 있듯이 자원봉사자들이 주축이 된 단체이며, 그들은 예외 없이 모든 국민들의 복지증진에 매진 할 뿐이다. 그들은 어느 특정 단체보다는 모든 국민들의 공동 이익에 관심 있을 뿐이다. 이해관계로 어느 특정 단체를 소외시키거나 배척해서는 안 되는 것이다.

모든 NGOs는 교육과 교육과정의 개선문제등에 깊은 관심을 갖고 있다. 또 다른 분야인 환경문제, 군축문제, 지뢰제거 문제, 핵시설 제거문제 등도 관심분야에 속 한다.

이러한 시민단체들의 역할은 점점 중요해지게 되리라 믿는다. 시민단체를 구성하고 있는 조직원들의 직업은 매우 다양하다. 연령층 역시 매우 넓다.

직업적으로는 가난하고 어려운 서민들을 무료로 진료해주는 정말 헌신적인 의사가 있는가 하면 남에게 밥먹하하고 어려운 지경에 빠져있는 배우지 못하고 가난한 사람들을 무료로 법률적으로

도와주는 변호사들도 있다.

어떤 기업가는 가난한 사람들을 위해 많은 돈을 아낌없이 기부하고 사회봉사활동을 도와주기도 한다. 자신이 넉넉지 못하지만 시간을 쪼개 어려운 환자를 무료로 봉사해주는 간호사의 아름다운 모습도 있다.

이러한 봉사정신이 있기에 서로 돕고 사회발전에 같이 참여하는 정신이 있기에 통일한국의 미래는 매우 밝다고 생각된다. 어둡지만은 않다.

NGOs는 얼마 안 되는 자금이지만 이런 봉사정신이 있기에 어떤 큰일도 해낼 수 있다는 것이다.

상호이익

남북한 정부 공히 통일에 대한 염원을 갖고 있음은 너무나 당연한 일이다. 문제는 양측이 통일방식에 있어 서로 이해가 상충된다는 데 있다. 이는 너무나 당연한 일이다.

그러나 이런 부자연스러운 감정을 극복하고 통일이란 양측 모두에게 이익이 된다는 점을 명심해야 할 것이다. 즉 통일은 양방향으로 많은 이익이 되는 것이지 어느 한쪽에만 일방적으로 이익이 되는 것이 아니라는 사실을 간과하지 말기 바란다.

우선 어느 쪽 정부가 통일을 위한 노력을 사전에 허가해야 한다는 법은 없다. 시작이 반이라는 속담처럼 우선 일에 착수부터 하면 된다고 생각한다. 가까운 친구나 이웃부터라도 통일을 위한 방안에 대해 토론하고 의논하자. 남의 의견도 경청하자. 이것이 고귀한 통일의 첫걸음이 될 것이다. 한편 글을 쓰자 주기적으로 신문이나 잡지에 기고도 하자. 더 많은 사람들이 우리들의 다양한 의견에 접근하도록 말이다.

2천 4백여 년전 소크라테스는 모든 문제는 공개적으로 토론할 때 해답이 나온다고 말한 적이 있다. 사람들은 문제가 있다고 인식하면 그들은 문제해결에 적극적으로 참여하고 해결하게 된다는 뜻이다.

우리 모두 소크라테스의 말을 현실에 적용할 때 우리들은 구체적이며 실질적인 결과를 끌어낼 수 있다는 사실을 체험할 수 있다고 생각한다.

평화도시건설의 문제는 우리가 이런 방식으로 접근한다면 실현 가능한 일이며 절대 불가능한 것이 아니다. 통일 역시 같은 맥락에서 접근해야 한다.

역사에 이 시점에서 통일의 가능성을 방해하는 일들이 벌어지고 있는 것은 매우 유감스러운 일이다. 우리는 이런 문제를 하나씩 검토하고 극복해 나아가야한다. 한반도의 통일은 결코 거역할 수 없는 추세이다. 50여 년간의 분단으로 충분하다.

부모들은 자녀들에게 통일의 당위성과 중요성을 부단히 교육하고 인식시켜야 한다. 그들 자신들이 진지하게 통일문제를 토의할 수 있는 자리가 기회를 만들어줄 필요가 있다. 학교에서도 통일문제를 진지하게 논의하여야 한다. 이렇게 함으로써 통일을 향한 국민의 역지가 축적된다고 생각한다.

로마의 격언 중 이런 말이 있다. "국민의 소리는 신의 소리다."

국민들이 통일문제를 진지하게 논의하고 결의를 다지고 그리고 이런 방향으로 매진한다면 통일은 현실로 나타날 것이라고 확신한다.

불교에서도 우리가 바람을 계속 기원한다면 성취된다는 믿음이 있다. 우리는 매일 매일 통일성취를 위한 노력과 집중력을 기운다면 반드시 통일은 이루어진다고 믿는다.

끝으로 나는 비무장지대의 평화도시건설을 다시 한번 강력히 주장하면서 이 문제를 남북한 관계기관이나 국민들이 좀 더 토의하고 연구하여 실현되도록 노력하여 주기를 간곡히 부탁드린다. 평화도시건설을 통해 잃는 것은 전연 없다. 모두 다 얻는 것뿐이다. 평화도시가 건설된다면 통일을 위한 지역 아니 세계평화를 위한 위대하고 거대한 발걸음이 되리라 의심하지 않는다.

이는 반세기 분단 상태에서 온갖 고통의 멍에를 지고 살아온 남북한 동포들에게 해피엔딩이 될 것이다. 이는 희망과 화해와 평화를 남북한 모두에게 주는 이벤트가 될 것이다. 우리들 자손들이 살아야 할 이 한반도에 영원한 평화와 번영을 기억하는 계기가 됨은 두말할 필요가 없다.